港島北岸百年變遷

馬冠堯　張順光

www.cosmosbooks.com.hk

書　　名　港島北岸百年變遷

作　　者　馬冠堯　張順光

責任編輯　林苑鶯

美術編輯　楊曉林

出　　版　天地圖書有限公司

　　　　　香港黃竹坑道46號

　　　　　新興工業大廈11樓（總寫字樓）

　　　　　電話：2528 3671　傳真：2865 2609

　　　　　香港灣仔莊士敦道30號地庫（門市部）

　　　　　電話：2865 0708　傳真：2861 1541

印　　刷　亨泰印刷有限公司

　　　　　香港柴灣利眾街德景工業大廈10字樓

　　　　　電話：2896 3687　傳真：2558 1902

發　　行　香港聯合書刊物流有限公司

　　　　　香港新界荃灣德士古道220-248號荃灣工業中心16樓

　　　　　電話：2150 2100　傳真：2407 3062

出版日期　2021年7月／初版・香港

序

　　張順光兄年前約我茶敍，帶了一大批相片和明信片來給我看，那是不同年代的港島北岸相片，是他的部份收藏品。他提出合作編書，由他安排相片，我負責寫解說。心想一百數十年來港島北岸變化實在太大，若將這些珍貴歷史相片整理，應可構成香港多個小故事，可大膽嘗試以圖片介紹香港歷史，將會很有趣，於是一口答應。

　　港島北岸發展受制於地理環境、政府政策、商人的投資和世界科技發展的影響。香港是個小島，由本書的圖片可見，香港自 19 世紀「開埠」，交通依賴水路，船是主要工具，因而衍生出碼頭、船塢和避風塘。小島上平地不多，主要集中在北岸，最初房屋坐落在沿岸平地及依山而建，逐漸形成地平面至山丘上一層層的建築群。人口增加而無法控制，導致土地供應不足，這是自 1841 年以來管治者的煩惱。這土地需求的增長可從其幾乎沒有停止過的移山填海工程反映出來。新土地不停地出現，海岸線和碼頭屢屢向北移，樓宇就越來越高，贏得摩天大廈城的美號。陸上交通則從海岸的私人碼頭發展到沿海車路，再到海岸外興建天橋。碼頭數目從 20 世紀初上升而到了 30 年代達到高峰，於 50 年代尾一直回落至今，這反映空陸交通逐漸取代海路，航運業走下坡，海上船塢亦一個一個地消失。反觀樓宇高度在五六十年代以來從十多二十層一直升至百多層，象徵香港走入地產興盛的年代。

　　海岸方面，早年的活動可見舢舨上落客貨，碼頭一帶有抬轎和人力車接載客人，一些岸邊還設有泳棚；其後，舢舨變作「嘩啦嘩啦」（Walla Walla，用電力引擎的小船），而海岸沿路出現了電車和汽油車，泳棚就逐漸消

失，卻多了曬衣、小販和兒童玩耍等活動。從舊照片中還可見到，水荒時，市民就被迫在海岸排隊盛水回家；皇后像廣場就成為政府和民間舉行大型活動的場地。現今，皇后像廣場已變成「內陸」公園，而一些在海岸興建的公園就取代了廣場的角色，同樣供市民休憩。

把港島與九龍和新界連成一體是維多利亞港。19世紀跨越維港的除了看得見的船隻外，還有最早藏在維港水底的電報電纜和電話電纜；其次是「北水南調」，由新界水塘鋪水管經海底供水給港島。其後，電和煤也經海底駁通港九兩地。利用空中或水底貫通兩地交通的討論持續十多年，結果海底隧道成功落成（1972年8月通車），保持今天美麗寧靜的維多利亞港美景。跨港鋪設水電煤管道和海底隧道於港島的上岸點，這些歷史畫面就成為本書的最後一章。

香港攝影最早可追溯到1840年代，之前是以繪畫為主，而1841年前的畫作和有關圖片流傳至今者寥寥可數，因此在本書中選取了以1844年為起點。我們希望通過這批珍貴的地圖、圖則、圖畫、相片和明信片，讓讀者可以走入香港百多年前的時光隧道，慢慢欣賞這變化繽紛的景色。由於很多歷史圖片難求，形成本書的論述有很多歷史空隙，還望各收藏家和香港史學者陸續填補。

我有一習慣，書的版稅全捐香港認可慈善機構，這書也不例外。

馬冠堯

序

2021 年是香港開埠 180 週年紀念。本書在今年出版，更添意義。

兩年前，天地圖書林苑鶯編輯向我提議出版一本有關港島發展的圖冊（以海岸線變化為主）。

我雖然收集了頗多有關圖片，包括地圖、長形的全景圖、歷史相片及明信片等，但要編輯成書，並非易事。幸運地遇上馬冠堯先生，他是工程師，我是測量師，彼此有共同話題，一拍即合。遂與天地圖書研究可行方案，經過幾番商討，最終決定以年代時序為脈絡，沿維多利亞港從東至西陳述港島北岸發展，由構思、設計到興建和完工的各種設施和工程；以建築圖則輔助地圖、相片和明信片來解說當中的香港故事。本書圖像豐富，相信能吸引不少讀者，尤其是建造界的讀者會更有親切感。

今次很榮幸能與馬先生合作，同時得到多位愛好收集歷史相片的收藏界好朋友慷慨借出珍藏，盡量讓本書能涵蓋港島北岸自 19 世紀中葉以來歷年的發展。書中最後一章關於港九貫通的歷史圖像，資料珍貴，希望可帶給讀者一新景象。

亦期望以本書拋磚引玉，引發更多精彩罕見的圖片和圖冊面世。

張順光

目錄

第七章　貫通港九：維港水底管道上岸點

第一章

填海篇

導讀

　　港島最早的城市規劃是由軍方的皇家工程師（Royal Engineer）和政府的量地官（Surveyor General）各做報告，結果軍方和政府皆選取了金鐘為軍事基地和商業中心。在英廷決定下，政府只有以金鐘以西的山丘作為政府中心，商業中心則要在政府中心以西發展。量地官提出的西岸填海就由官商各自發展。開山填海自 1840 年代開始成為香港拓展土地的來源。本章主要引述 1855、1867、1889、1920、1948、1951-1984 和 1990 年的填海如何改變港島北岸的面貌。

港島城市規劃：
軍事優先，政府乏力，私人發揮

　　1843 年 6 月 28 日，皇家工程師愛秩序少校（Major Edward Aldrich，今筲箕灣有愛秩序灣和愛秩序街都因他命名）提交香港軍事用地報告，選取金鐘為軍事基地。第一任港督砵甸乍（Henry Pottinger，1843-1844 年在任，今中環有砵甸乍街）提交民事用地報告。量地官歌頓（A. T. Gordon）於同年 7 月 6 日的報告仍選取金鐘平地為商業中心，並選黃泥涌平地為民居中心，而金鐘以西的山丘則作為政府中心；又建議港島北岸西部發展要以填海為主，並提出以環島公路貫通整個香港島。

　　愛秩序少校的計劃獲英國政府接納，香港政府仍可以在政府山（Government Hill，今聖約翰座堂和舊政府合署一帶）發展政府中心，而商業只有在政府中心之西發展。自始，港島北岸的金鐘便成為軍事總部，而北岸發展先向西移，慢慢去到盡頭（即堅尼地城），東面發展就比西面慢。由於金鐘是軍事重地，它便成為歌頓提出的環島公路東西發展的樽頸。歌頓的填海計劃被商人採用，各自發揮。

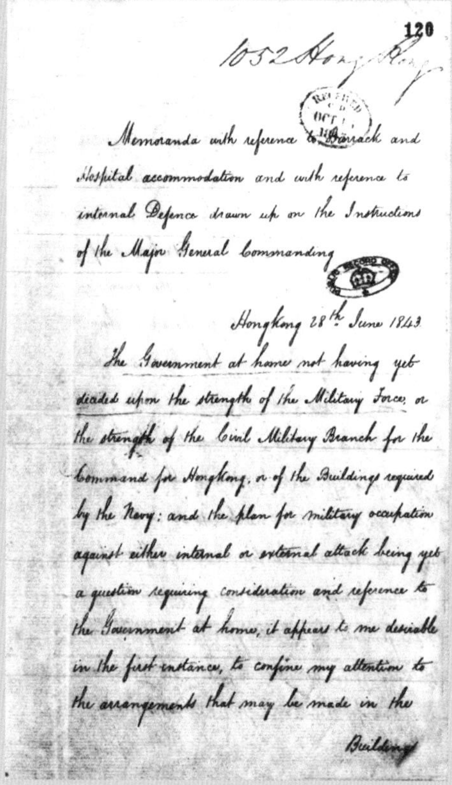

120

1052 Hong Kong

RECEIVED OCT

Memoranda with reference to Barrack and Hospital accommodation and with reference to internal Defence drawn up on the Instructions of the Major General Commanding

Hongkong 28th June 1843

The Government at home not having yet decided upon the strength of the Military Force, or the strength of the Civil Military Branch for the Command for Hongkong, or of the Buildings required by the Navy; and the plan for military occupation against either internal or external attack being yet a question requiring consideration and reference to the Government at home, it appears to me desirable in the first instance, to confine my attention to the arrangements that may be made in the

Buildings

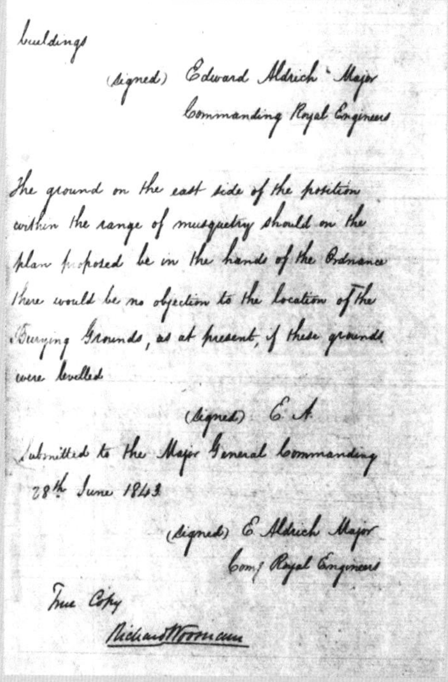

buildings

(Signed) Edward Aldrich Major
Commanding Royal Engineers

The ground on the east side of the position within the range of musquetry should on the plan proposed be in the hands of the Ordnance there would be no objection to the location of the Burying Grounds, as at present, if these grounds were levelled

(Signed) E.A.

Submitted to the Major General Commanding
28th June 1843

(Signed) E Aldrich Major
Comg Royal Engineers

True Copy
Richard Woosnam

圖 1.1 愛秩序少校的香港軍事用地報告第一和最後一頁

（左頁）

(Copy.)
N.° 32.

1032 Hong Kong

Land Office,
Victoria. (Hongkong) 6.ᵗʰ July, 1843.

Sir,

I have the honor to lay before you, for the information of His Excellency the Governor, the following report of the present state of the roads, and buildings in this Colony, with some remarks upon the plans I would propose to be adopted in future. It is now not probable, that the Survey of the Northern part of the Island, at present in progress, will be completed in time for

Lieut. Colonel Malcolm, C. B.,
Acting Colonial Secretary.

（右頁）

of Suburban". I allude to the Bungalow which Mr. Matheson has built on what is known as the "Black Mount". All the others are near the Sea, and some actually in the town; whilst to the most remote (not more than three quarters of a mile distant) good approaches may be made. A few more Bazaar lots have been built on, than appear in the Registry – the particulars of them will be known when the Survey is finished.

I have &c.

(Signed) A. T. Gordon,
Land Officer &c.

(True Copy.)
Richard Woosnam

圖 1.2　歌頓的香港民事用地報告第一和最後一頁

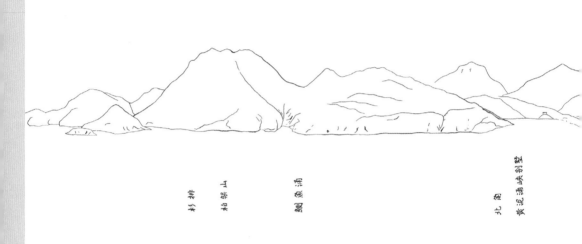

圖 1.3　歌連臣少將（Lieut. T. B. Collinson, 1821-1902）於 1845 年繪出的港島北岸畫，港島北岸地點最東為鰂魚涌，最西為海軍倉（今西營盤）；建築物有黃泥涌峽別墅（今跑馬地）、德忌笠醫院（軍事醫院，今金鐘）和監獄（今大館）。 圖中標示地點左起：杉排、柏架山、鰂魚涌、北角、黃泥涌峽別墅、德忌笠醫院、歌賦山、北營、督憲山、監獄、水坑口、太平山、海軍倉、摩星嶺、青洲。

奏圓　德忌笠醫院　歌賦山　北啓　警惡山　監獄　水坑口　太平山　海軍倉　摩星嶺　青洲

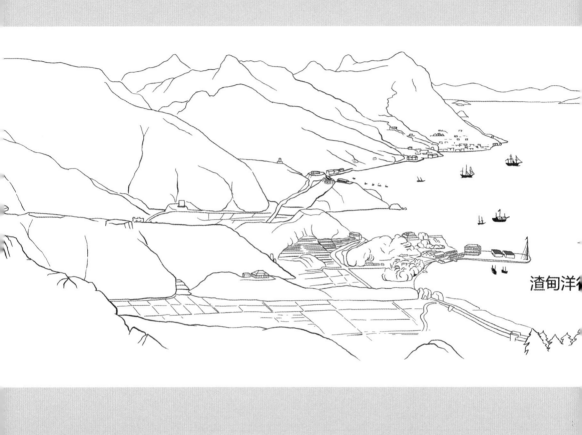

渣甸洋行

昂船洲

九龍半島

圖 1.4 歌連臣少將於 1845 年繪出從東望向西的港島北岸圖,圖中央有旗杆之處是位於東角的渣甸洋行,右方中是九龍半島,九龍半島上方是昂船洲。

1855 年的填海計劃失敗

　　在英國積極提倡自由貿易和十進制的寶靈（John Bowring，1854-1859
年在任，今有寶靈街），在港期間欲大展拳腳推行新政，例如：以市民資產
比例的分配增加立法局議席；興建造幣廠和海堤；提出私人供水計劃；鼓勵
開辦圖書館和博物館；管制賭博和賣淫等。擁有海旁業權的商人藉早年賣地
條文漏洞和政府執法的寬鬆，各自因應其行業需要，以填海增加其沿海用地。
港島北岸因此變成一不規則海岸線，並衍生出公眾如何上岸、馬路如何興建、

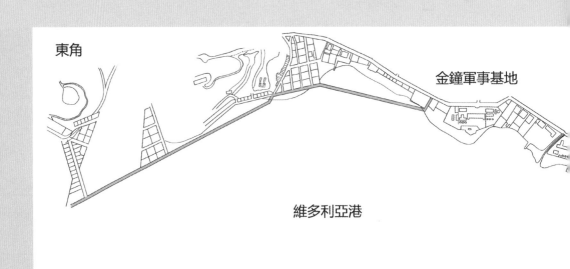

東角

金鐘軍事基地

維多利亞港

政府如何維持秩序、如何排放污水和清理堆積污泥等一連串問題。寶靈欲撥
亂歸正，花了四年（1855-1859）將興建海堤和沿海馬路草案交到立法局，
希望藉此改善交通、衛生、治安和美觀。無奈海旁業主全是開埠大商人如渣
甸（David Jardine）和顛地（John Dent）等，在政府財政狀況欠佳下，賠償
和利益無法達成共識，最終在一個由政府全委任的立法局內，以六票對三票
決定將草案無限期押後，而「寶靈海堤」（Bowring Praya）就此名聞香港歷
史了。寶靈欲推行的各項鴻圖大計，要往後的港督才可逐一實現。

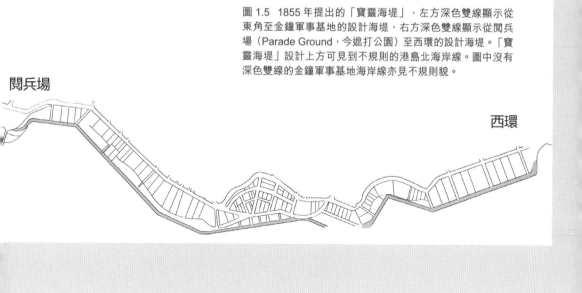

圖 1.5　1855 年提出的「寶靈海堤」，左方深色雙線顯示從
東角至金鐘軍事基地的設計海堤，右方深色雙線顯示從閱兵
場（Parade Ground，今遮打公園）至西環的設計海堤。「寶
靈海堤」設計上方可見到不規則的港島北海岸線。圖中沒有
深色雙線的金鐘軍事基地海岸線亦見不規則貌。

閱兵場

西環

1867 年天災帶來的改變

　　寶靈雖然未能興建整條北岸海堤，但政府仍然在官地填海和興建碼頭；商人雖然各自發展，但政府亦利用商人申請填海時，以個別情況與他們商討如何修建海堤。1866 年，英國 Overend Gurney & Co. 銀行陷入清盤，引致本港 11 間銀行只剩下 5 間沒有倒閉，連寶順洋行（Dents & Co.）也於 1867 年結業，庫房當然空虛，政府因此根據地契要求海旁業主負擔維修海堤的費用，雙方未能協商解決，最終對簿公堂，結果政府敗訴，要負起維修海堤的責任。禍不單行，1867 年颱風襲港，導致部份海堤損毀。經檢查後，量地處（後稱工務局）要修復海堤，有些舊海堤未達安全標準，便要拆卸重建，費用昂貴。

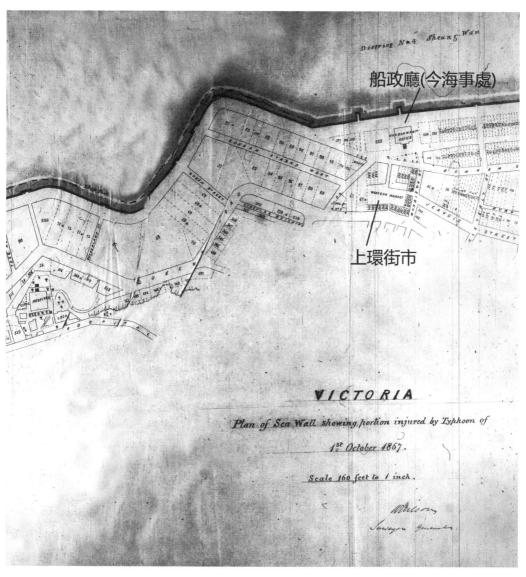

圖 1.6　1867 年颱風破壞海堤，圖中是當時上環一帶的海堤，右上方是船政廳 （今稱海事處），其下是上環街市，海堤已經比較有規則。

1874 年風災 （甲戌風災）

　　香港開埠最嚴重的風暴發生於 1874 年（甲戌年），維港頓時變成颱風破壞的廢物聚集場。當年颱風仍未有命名的規例，一般以華人六十年一甲子的干支命名，又或以西曆年份代表。

圖 1.7　新建成的海堤幸沒有被颱風破壞

圖 1.8　左方是被颱風破壞的海堤

圖 1.9　被颱風破壞的碼頭

圖 1.10　被颱風破壞的海堤近照

量地官裴樂士（John McNeille Price）欲改樽頸

　　颱風過後，量地處要修復海堤。裴樂士是當時的量地官，現存政府建築物而又能成為法定古蹟的，以他負責興建的為最多，如鶴咀燈塔、大潭水塘、天文台和水警總部，在渣甸山更有一街道以他的名字命名。他曾提出在金鐘軍事基地前建一馬路海堤，以紓緩東西交通的樽頸，情況有如今天的海岸繞道，可惜沒有被接納。

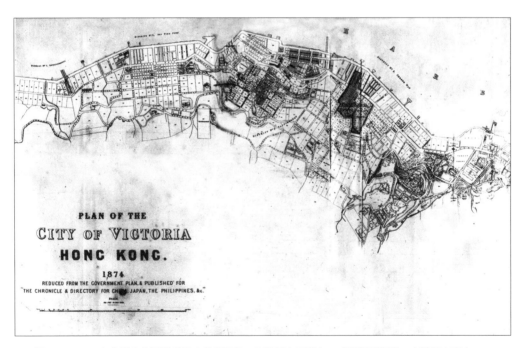

圖 1.11　1874 年的港島北岸西環至中環的海堤，左邊近上環仍有一明顯弧形海岸，右邊近中環也有相同弧形海岸。

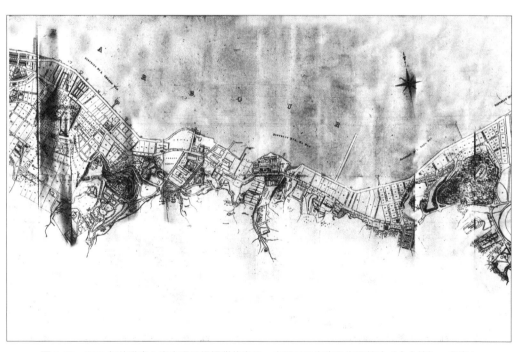

圖 1.12　1874 年的港島北岸中環至銅鑼灣的海堤，中間凹凸海岸是海軍基地（今金鐘），裴樂士曾經提出在金鐘軍事基地前建一馬路海堤，可參看圖 3.7。

圖 1.13　1880 年代維多利亞港景象，最左橙色屋頂是聚珍院（即第一代大會堂；1），向右移順序是
滙豐銀行（2），其上方是聖約翰教堂（3），再向右移是渣甸洋行（5），其最上方是港督府（4），
渣甸洋行隔一房子是連卡佛（7），其上方黃色鐘樓是畢打街大鐘樓（6），連卡佛右旁是於仁燕梳（保
險公司；8），於仁燕梳右方是德忌利士娜柏洋行（Douglas Lapraik & Co, 9），向右移三層高建築物
是偉娜洋行（Wieler & Co, 10），圖正中兩層高房子是維多利亞酒店（11），其右三角屋頂的房子是
德商瑞記洋行（Arnold Karberg & Co, 12），再右一連幾座都是華商行，其旁三層高房子正中有四層
是鐵行輪船公司（13）。維多利亞港海上見到不少帆船，岸邊泊滿舢舨，海上交通一片繁榮。

1889 年世紀填海工程

從 1867 年到 1887 年，香港人口從 11 萬增至 21 萬。地少人多帶來房屋、衛生和交通等方面的問題都是歷任港督的難題。

港督堅尼地（Arthur E. Kennedy, 1872-1877 年在任）走後，繼任的軒尼詩（John P. Hennessy, 1877-1882 年在任）對基礎建設毫無興趣，裴樂士提出的大潭水塘、新大書院和天文台等公共設施都於他在任時陷於停頓，要到寶雲（George F. Bowen, 1883-1887 年在任）上任後，才逐一興建。

在居住環境擠迫和衛生情況惡劣下，政府請來衛生專家翟維克（Osbert Chadwick, 1844-1913）研究改善居住和衛生環境。他建議增加供水、改善房屋設計、設獨立雨水和污水渠等政策，政府亦樂於逐步落實。港島缺乏平地，解決居住擠迫只有增加土地或向空中發展兩方法。

1884 年裴樂士落實銅鑼灣和油麻地填海計劃，以賣地收入補貼興建費用。當時商人遮打（Paul Chater, 1846-1926）看中維港發展，同年成立九龍倉和碼頭公司，在尖沙咀興建輪船碼頭和貨倉。這位亞美尼亞籍商人是從太平紳士功能組別晉身立法局（1883 年 12 月政府刊憲全港太平紳士可投票選出一名立法局議員）的「新丁」，竟然膽大包天，欲繼承寶靈的遺願，於 1887 年提出超級填海計劃：從港島北岸的堅尼地城填海至灣仔，稱海堤填海計劃（Praya Reclamation Scheme）；分兩期進行，第一期從堅尼地城填海至美利碼頭，填海物料來自開發堅尼地城的山坡；移平的堅尼地城山坡，一可出售平地供建屋之用，二可幫助填海經費，一舉兩得。

港督德輔（Des Voeux, 1887-1891 年在任）認為計劃對商人有利多於對公眾，無心推動。遮打於是親身跑往倫敦向殖民地部游説，以增加庫房收入、改善衛生和交通、紓緩房屋短缺和美化維港景觀等理據説服殖民地部開綠

燈。這便開啓了香港大規模「移山填海」增加土地的方法。填海分七段，分幾十個合約承造，最著名的承建商有承造今天終審法院的陳亞東（又名陳棠、陳曉園，見圖 1.17）和壟斷石礦場多年的曾瓊（他也是九龍水塘的承建商，見圖 1.17）。

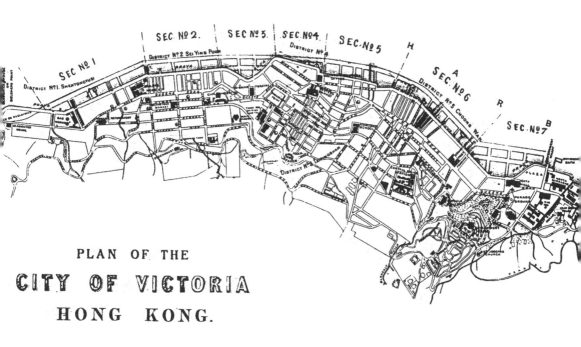

PLAN OF THE
CITY OF VICTORIA
HONG KONG.

圖 1.14　遮打提出的超大型填海計劃圖是從東至西，左邊西起西環煤氣廠屬第一段，右邊到中環美利碼頭為止屬第七段，分七段填海，這是第一期。

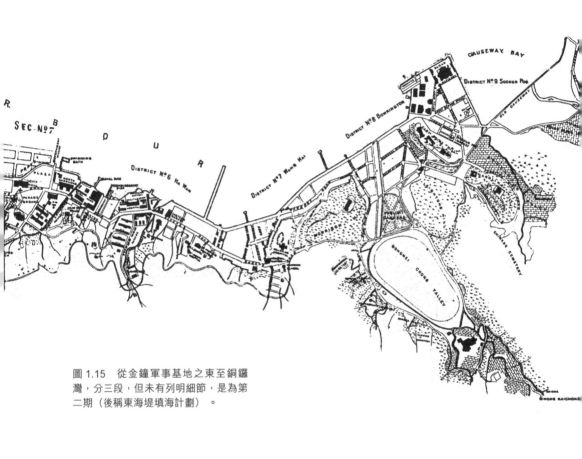

圖 1.15　從金鐘軍事基地之東至銅鑼
灣，分三段，但未有列明細節，是為第
二期（後稱東海堤填海計劃）。

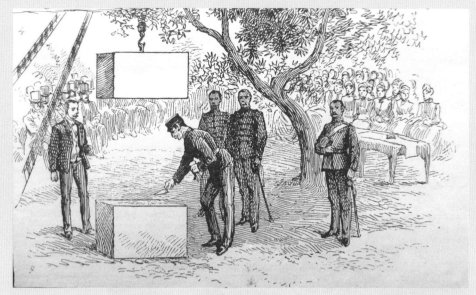

圖 1.16　干諾公爵於 1890 年 4 月 2 日主持中環填海奠基禮，奠基石今仍在遮打花園內近遮打道中國建設銀行大廈。

圖 1.17　圖左是陳亞東，圖右是曾瓊。

圖 1.18　今天遮打花園內的奠基碑石，字樣大部份都模糊不清。

圖 1.19　最早開工是第七段，先挖去海底淤泥，建造海堤地基，以船運送水泥墩築成海堤。才以泥土回填海堤的內海，填成陸地。圖中可見海堤和工程船隻。

圖 1.20　開鑿堅尼地城山坡而建成的屠房，其沙石回填中環海。

圖 1.21　從左至右的建築物是聚珍館（1）、滙豐銀行（2）、沙宣租給禪臣公司（Siemssen & Co.）的大樓（3）、遮打的維多利亞大樓（Victoria Building, 4）、沙宣父子公司（Sassoon & Sons Co., 5）和沙宣租給培士頭公司（Pustau & Co.）的大樓（6），它們前方是部份第七段填海工程，圖中可見臨時工程草寮和船隻。

圖 1.22　圖中是香港大酒店，其前方可見填海。

圖 1.23　第六段部份填海工程，後面建築物主要是華商行。

圖 1.24　中環填海後的維多利亞港和港島北岸

1920 年代的東海堤填海計劃 (Praya East Reclamation Scheme)

其實遮打的計劃包括了灣仔填海，只不過中環是第一期，灣仔是第二期。有了中環填海的經驗，遮打於 1905 年再「照辦煮碗」召開公眾大會，與灣仔海旁業主商討填海細節。由於受一次世界大戰影響，經濟大環境未能配合，到 1920 年遮打才再重提舊議，與政府、軍部和海旁業主協商後，按地積比例分擔建築費用。填海西起金鐘軍事基地之東，東至波斯富街，是為東海堤填海計劃（下稱灣仔填地），實行移摩利臣山，填灣仔海。

政府有新思維，今次只聘用一位承建商負責，林蔭泉先生（曾是東華三院和保良局總理、建造商會主席）的生利公司取得合約。政府並開放填海區讓拆卸的建築廢料堆放，一於廢物利用。遮打還了心願，官商合作愉快。美中不足是摩利臣山的石塊比預測的多，體積亦比預期的大，要打碎後才可使用，工程因此要延到 1929 年才完成，但遮打於 1926 年離世，未能親歷大計完成。

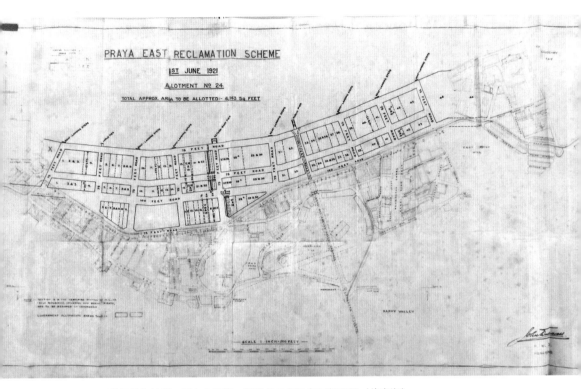

圖 1.25　　灣仔填海計劃，圖上方是海，新灣仔北岸設有三個碼頭（伸出海）
和七個上岸梯級（與海堤平排）。

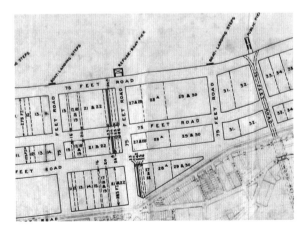

圖 1.26　完成的灣仔填海，圖中是馬場，其右下方是差不多移平的摩利臣山，圖中從左至右三條街是馬師道、杜老誌道和史剑域道，杜老誌道碼頭也在圖內。

1948 年的北角填海

第一次世界大戰後，政府於 1920 年成立委員會研究如何復興經濟，委員會建議要聘用專家提供改善港口設施，政府於 1923 年請來海港顧問，顧問認為西部發展已達飽和，是時候發展港島東部的北角和九龍的紅磡。港府繼而成立港口部門跟進建議，工務局工程師在落實顧問報告時認為，發展北角的前提是東西交通要通暢，金鐘樽頸卻是難題。

政府其後與印尼華商合作，以填海和築海堤換取北角海岸地段作試點，可惜未能收到如期效果。但政府有意發展港島東部，要建一可容電車和汽車的公路，於是被迫又要移山填海，將開鑿英皇道的泥石倒入北角海，其規模比較小。到 1939 年才有大型北角填海工程，以供工廠、貨倉和民居所用，可惜未幾即因戰亂而中斷了工程。

戰後重建，繼續北角填海未完成的工程，政府工程師李道莊（N.K. Littlejohn）估算以舊法填海要五倍戰前費用，於是在太古船塢前鑽探海床，發現有足夠泥沙建造海堤的地基，以海沙取代細石，大大減低造價。

1924 年在北角填海的荷蘭承建商荷蘭海港公司（Netherland Harbour Company）專營挖泥工程，李道莊與荷蘭海港公司商討以機器移運泥沙，將觀塘和北角填海合併成一合約，讓新機器可物盡其用，減低成本價。計劃獲港督支持，1948 年開始動工。

另一新思維是政府開放填海區為棄置廢料站，將戰後重建的建築廢料變成填海物料。製造水泥的石來自北角七姊妹山和對岸的茶果嶺石礦場，北角和官塘經開山和填海就雙雙成為香港戰後首個工業區，而維多利亞港的船務業開始踏入工業年代。

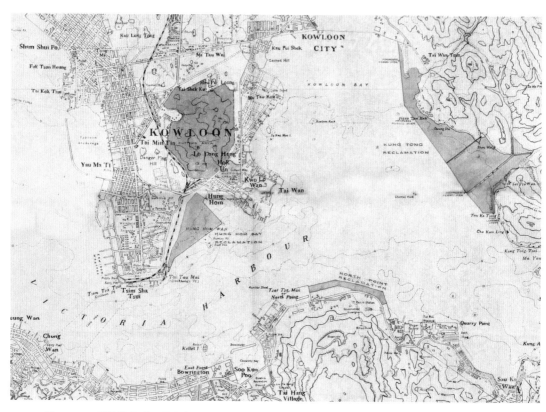

圖1.27　二戰後維多利亞港填海圖則，第一階段包括紅色的北角、官塘和紅磡，綠色代表發展何文田一帶，所得泥石以供紅磡填海之用。

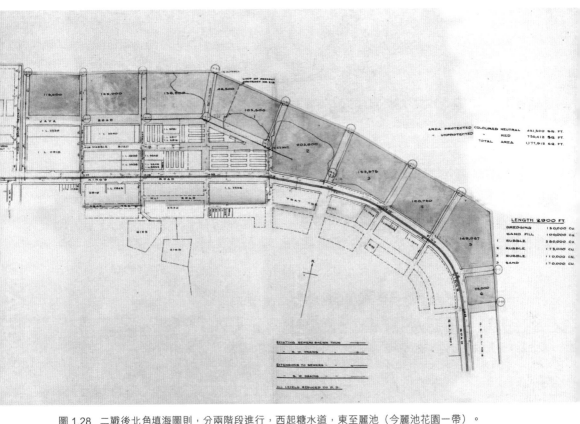

圖 1.28　二戰後北角填海圖則，分兩階段進行，西起糖水道，東至麗池（今麗池花園一帶）。

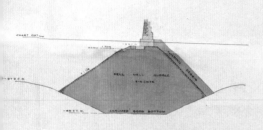

SECTION ① RUBBLE MOUND.

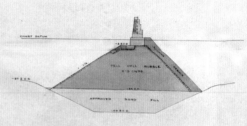

SECTION ② SAND BASE & RUBBLE MOUND.

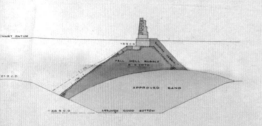

SECTION ③ SAND & RUBBLE MOUND.

NORTH POINT
PROPOSED SEA WALL SECTIONS.

圖 1.29　二戰後北角填海海堤以沙取代碎石為地基的圖則，左上圖示意以傳統雜碎石（pell mell rubble，藍色代表）築成的海堤，紅色代表回填的建築廢料；其餘兩圖是以沙取代雜碎石為地基的建築方法，用於北角，沙的地基以黃色表示。

圖 1.30　負責工程的政府工程
師李道莊

圖 1.31　荷蘭海港公司的挖泥船，船左上方可見公司的招牌。

圖 1.32　躉船將大石倒在沙地基上，以防海浪帶走泥沙。

圖 1.33　圖中有人站立着的是建築中的海堤，右方是回填情況。

圖 1.34　從維多利亞港看完成後的海堤和北角新填海

　港島北岸百年變遷

1951 年銅鑼灣避風塘北移

　　裴樂士於 1883 年建成銅鑼灣避風塘，他曾開玩笑說不久的將來這避風塘上將會是高樓。香港社會於維多利亞女皇登基金禧紀念（1887）時，曾提出香港應興建紀念公園，但因缺乏理想地點而未能成事，後來只建造一紀念銅像。誰也估不到 70 年後，裴樂士說的玩笑雖只實現了一半，但興建公園的另一建議則告實現。避風塘向北移，回填的土地成為維多利亞公園。適逢渣甸山（後稱利園山）發展，其泥土和廢料就成為公園的新填地。計劃於 1951 年動工，1955 年完成。

圖 1.35　銅鑼灣避風塘填海一角

1952-1972 年重複歷史的中環和灣仔填海

　　二戰後，香港人口於 1950 年突破 200 萬，不到十年已超越 300 萬。事實上，政府聘請的英國城市設計顧問亞拔高比（Sir Patrick Abercrombie）於 1948 年所做的城市計劃書，建議政府除在北角和官塘發展工業區外，亦需落實另一海港顧問奧雲（David J. Owen）於 1941 年在港口發展計劃書內建議的中環填海。由於海軍船塢的樽頸位涉及軍部，港府只有「蕭規曹隨」仿傚遮打做法，先改善中環地標皇后像廣場及其西邊的海旁，才再改善灣仔。

　　由於碼頭太多，因此中環填海分五期進行，亦是先處理中環地標皇后像廣場，是為第一期。皇后和天星碼頭要向北移，從城門水塘輸送食水至港島的供水管渡過維港水底後，亦要改在新皇后碼頭下連接新供水管，而電訊纜亦要改道上岸，連接新電訊纜去水晶大廈（大東電報局總部）。第一代大會堂於 1933 年開始拆卸，政府曾提出興建新會堂計劃，無奈經濟環境迫使政府於 1939 年放棄計劃，第一期填海正好提供了土地讓消失了近 30 年的大會堂重新興建。

　　第一階段第一期填海於 1952 年開始，從海軍船塢填至天星碼頭，新土地主要是政府用地，佈局以皇后像廣場為背景，新一代大會堂以高層建築配合低座音樂廳和長廊、海濱廣場和新皇后碼頭。實質上是將皇后像廣場向北移，保持戰前的海濱地標。這改變同時也揭開了中環高層建築競高比賽的序幕。

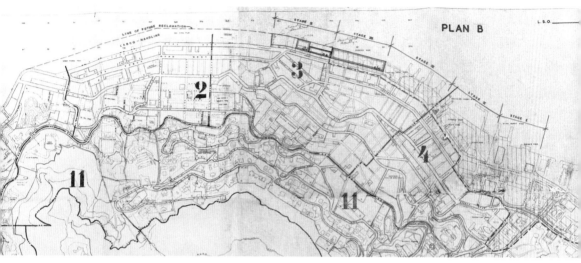

圖 1.36　圖則顯示中環填海計劃分五期進行，其實在推行時次序不是順序從東至西，其主因是要商討解決搬遷各沿海碼頭及其他臨時措施，所以先填比較少碼頭那些段。

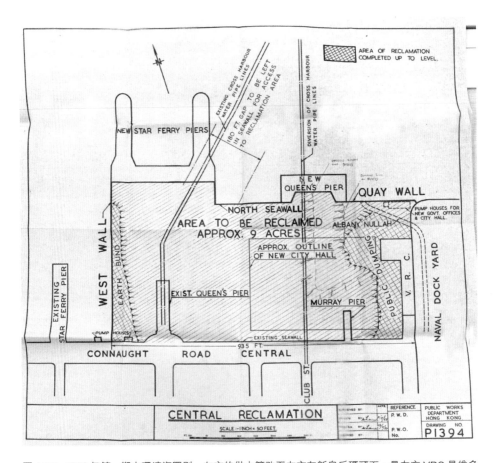

圖 1.37　1953 年第一期中環填海圖則，左方的供水管改至右方在新皇后碼頭下，最右方 VRC 是維多利亞遊樂會，其前方格仔線區是開放給公眾堆填廢料。

圖 1.38 1954
年中華廠商會利
用新填地舉行工
展會

　　第一階段第一期填海於 1956 年完工，由於第二期工程要待新舊天星碼
頭交替完畢才可進行，適逢第三期內遷移碼頭問題比較容易解決，無須興建
新碼頭，故此順理成章開始第三期填海。第三期工程於 1956 年開始，從林
士街至摩利臣街，1959 年完工。

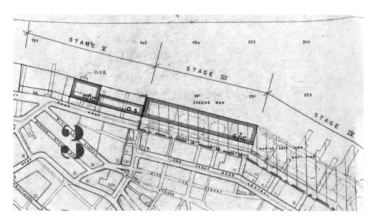

圖 1.39　中環填海第一階段第三期圖則

第一階段第二期填海於 1961 年開工，東起第一期新天星碼頭，西至租庇利街統一碼頭（汽車渡海輪碼頭）。卜公碼頭北移。當時食水嚴重短缺，新岸興建鹹水泵房，以鹹水取代食水用於空氣調節（冷卻冷氣機）、沖廁和滅火，減少在這些環節使用食水。其新土地就成為日後摩天大廈的地基。

第一階段第四期填海於 1962 年開工，東起第二期統一碼頭，西至林士街。工程包括興建新港內線碼頭、新港外線碼頭和新海事處碼頭。

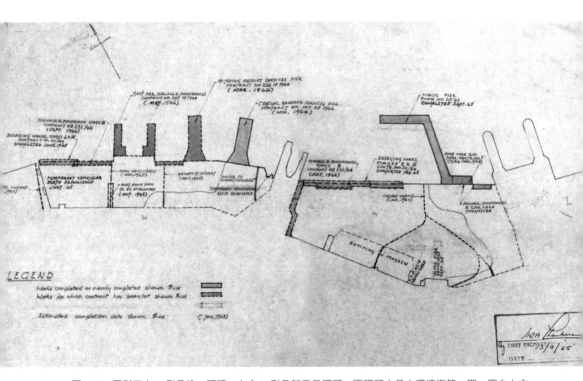

圖 1.40　圖則正中 U 形是統一碼頭，右方 U 形是新天星碼頭，兩碼頭中是中環填海第二期。圖右上方 Z 形碼頭是新卜公碼頭。右下方虛線範圍是公眾堆填廢料區。

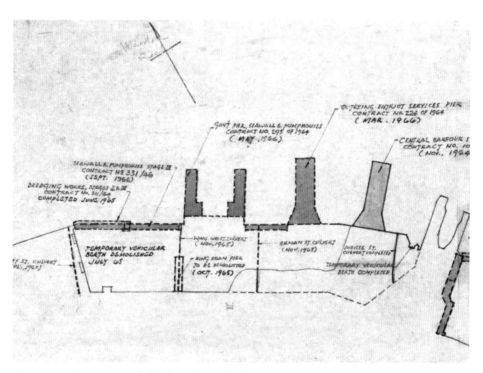

圖 1.41　圖則左方是完工後的第三期填海，即林士街以西。右方 U 形是統一碼頭，即第二期西邊。從統一碼頭至林士街填海是第四期填海工程。圖右新碼頭是新港內線碼頭，中是新港外線碼頭，最左兩個是新海事處碼頭。

圖 1.42 二戰後第一期中環填海後的面貌：圖右下方是 1960 年代的天星碼頭，保存大鐘為碼頭的標誌風格。左下方是皇后碼頭，右中方是卜公碼頭。圖左方的第二代大會堂仍在建造中，其右的停車場則已落成。

圖 1.43 圖中是消防局總部，右是汽車渡海小輪碼頭，左方看到中環填海在進行中。

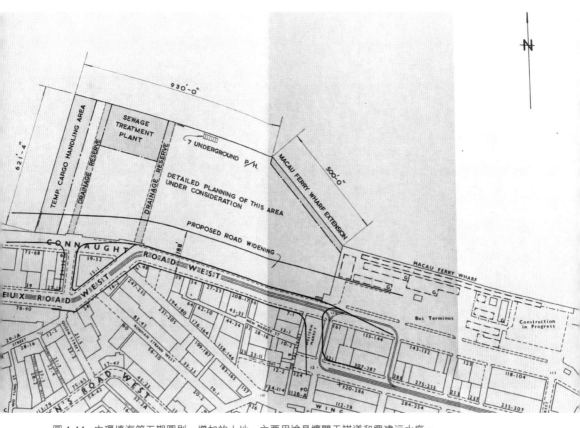

圖 1.44　中環填海第五期圖則，增加的土地，主要用途是擴闊干諾道和興建污水廠。

圖 1.45　中環填海第五期完成後的面貌

中環填海第五期於 1972 年動工，從第三期摩利臣街對開港澳碼頭至皇后街以西 180 呎。

　　與 60 年前一樣，灣仔填海工程接着中環填海完工。因維多利亞港大規模填海，政府擔心維多利亞港的水流受影響，於 1959 年聘請英國科學及工業研究中心研究維多利亞港填海對水流的影響。經過兩年模型測試研究後，確定了維多利亞港填海對水流沒有太大影響，政府才安心開始設計灣仔填海。灣仔填海東起奇力島（Kellett Island，又稱燈籠洲），西至海軍船塢。填海物料部份來自開發和興建華富邨的建築廢料。由於軍部交出海軍船塢和維多利亞軍營，灣仔填海不但可連接東西交通，更可落實海底隧道計劃，將原設計的中環上岸點改至灣仔新填海為港島出入口（詳情見第七章）。新土地除誕生了日後摩天大廈外，亦提供了不少康樂設施如運動場和游泳池等。自始天橋和摩天大廈便一起成為維多利亞港沿岸的特色，香港步入另一新時代。

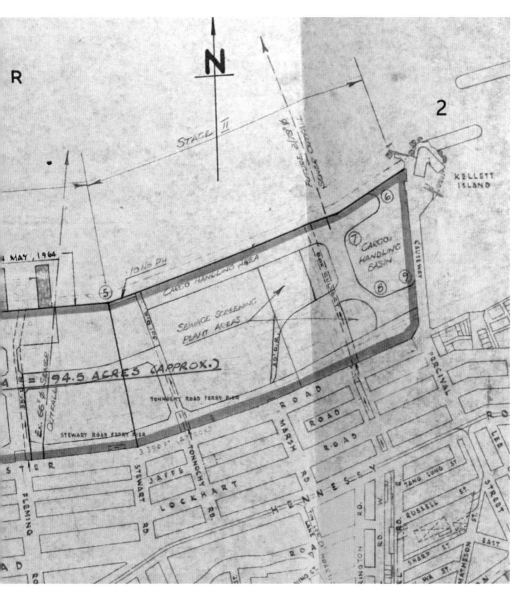

圖 1.46　灣仔填海圖則，左方 U 形海堤是海軍船塢（1），右上方是奇力島，島上方是銅鑼灣避風塘出入口（2）。

圖 1.47　圖是從西向東拍攝灣仔填海，右方是新填地，香港首條海底汽車隧道港島出入口坐落在灣仔
新填海區（詳情請參看第七章）。

圖 1.48　中華廠商會於 1972 年利用新填地舉行工展會

1976-1984 年的西環填海

　　西環是華人商業和民居中心，海旁特別多碼頭和貨倉，交通極為繁忙，填海影響沿海地方的運作，要安排臨時特別措施和賠償。所以西環填海要延至灣仔填海完工後才可進行。範圍從西的屈地街東至皇后街，分兩期，以朝光街為界，西面為一期，東面為二期。一期於 1976 年開工，1980 年完工。新土地用以興建副食品批發市場、漁農署辦事處、貨車停泊區和公眾貨物起卸區。二期則於 1984 年完工，其土地主要用途是擴建干諾道西和預留西區海底隧道，疏導西區交通擠塞，其餘用於消防局、污水處理廠和公園。

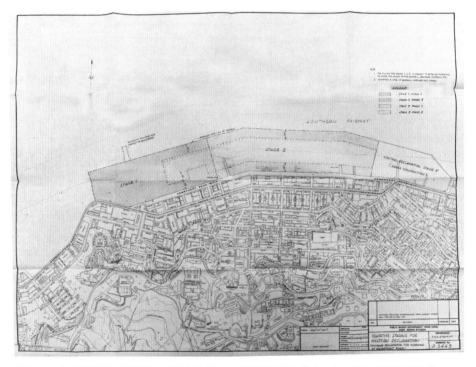

圖 1.49　左方是西環一期填海，即紅色地帶，二期填海以藍色代表，右方與二期填海連接是中環填海五期。

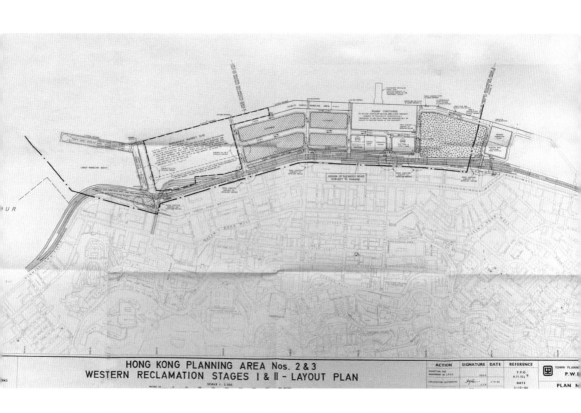

圖 1.50　圖中「—‧—」線表示西環填海範圍，圖最上方是一期與二期和二期與中環填海五期界線。
左邊向左伸出的海堤是一期填海工程，以供公眾裝卸區所用，連接海堤是一期填海，規劃新土地興
建西環副食品批發市場。二期規劃用於貨倉、碼頭和公園，後貨倉和碼頭用地改為西區海底隧道出
入口區。

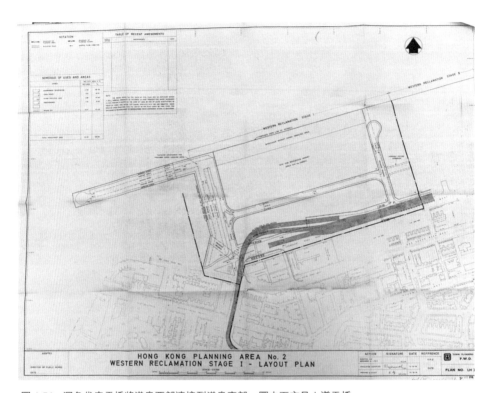

圖 1.51　深色代表天橋將港島西部連接到港島東部，圖中下方是山道天橋，
將配合東區走廊，直達太古城。

圖 1.52　右上方是西環填海，其左可見天橋雛形。

1998-2017 年的
中環灣仔填海

政府於 1990 年代進行中環灣仔填海，中環分三期，第一期從林士街至畢打街，於 1998 年完工，用地提供了興建機場鐵路香港站和碼頭。第二期填平海軍船塢，於 1997 年完工，政府總部和立法會大樓皆坐落在新土地上。第三期於 2011 年完工，新土地多用於改善交通。灣仔填海分兩期，連接着中環第三期，西至銅鑼灣。第一期是在會展中心以北，1997 年完工。第二期從中環第三期到銅鑼灣，主要目的是改善交通，2017 年完工。

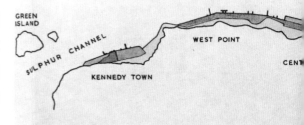

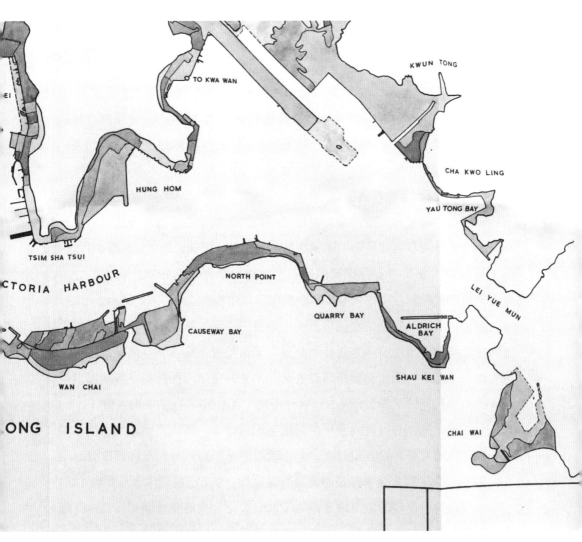

圖 1.53　1842 至 1976 年北角至西環的港島北岸填海，時序是以黃、綠、灰、紅、橙、紫和藍色分別
代表 1887 年前、1887-1904、1904-1924、1924-1945、1945-1967、1967-1971 和 1976 年進行的
工程。

小　結

　　從北角至西環的港島北岸填海過程可歸納於圖 1.53 內，即是 1842 至 1976 年，當中 1842 至 1887 年填海以黃色代表；1887 至 1904 年填海以綠色代表；1904 至 1924 年填海以灰色代表；1924 至 1945 年填海以紅色代表；1945 至 1967 年填海以橙色代表；1967 至 1971 年填海以紫色代表；1971 年至 1976 年填海以藍色代表。

　　戰前填海用地多用於商業和民居，中環的商業中心坐落在香港當時一個新公共空間名為皇后像廣場，後成為香港第二個地標（見第六章，圖 6.35）。西上環的華人商業中心亦在新海旁一帶，成為華人聚居和來往內地的集中地，交通以水路為主，故此維多利亞港景象以船隻為主。

　　戰後填海用地除商業和民居外，亦增設工業區，扶助工業；與此同時，政府以港島北岸填海打通東西陸上交通，天橋便成為維多利亞港景象之一。由於地少，海旁地價自然是最昂貴的地皮，商業樓宇因此向高空發展以增效益。1960 年代開始，摩天大廈取代舊建築物，自 1970 年代的康樂大廈（178.5 米，今渣甸大廈）打破香港當年最高樓宇紀錄後，一場建築物競高比拼一浪接一浪，合和大廈、滙豐銀行大廈、中環廣場、中國銀行大廈和國際金融中心二期（415 米）都先後曾經是香港最高建築物，今天已被環球貿易廣場（484 米）取代成為香港現時最高的建築物。摩天大廈、天橋和豪華郵輪合成一幅今天維多利亞港的美麗圖畫，其深層意義是香港從一個以船務業為主的深水港過渡到作為金融和旅遊商業中心的國際城市。

第二章

碼頭篇

導讀

　　19 世紀的貿易轉口港必須具備貨倉和碼頭，維港水深可泊巨輪，但港島北岸沒有適合地方興建大碼頭，輪船只能泊在海港中，靠舢舨作駁艇運送貨品，早年碼頭實質上是上岸階梯或小型碼頭。隨着需求，才有比較大的碼頭出現。

　　海軍於金鐘基地亦有其碼頭。政府需要碼頭的部門不外乎海事處、警處和消防處，此外要建設公眾碼頭。所以私人碼頭比政府碼頭多。在港英政府取得九龍和新界管治權後，來往港島和九龍新界的碼頭顯著增加。以汽油發動的汽車在 20 世紀初出現後，漸漸在香港普及，而以汽車往來港九兩地就得靠汽車渡海小輪接駁，因此出現汽車渡輪碼頭。

　　由於很多碼頭的畫、相片或明信片都難覓，本章選取編年體方式從東至西敍述，把較為人熟悉的碼頭列出：海軍碼頭、卜公碼頭、美利碼頭、皇后碼頭、海事處碼頭、一些早年私人碼頭如貨倉碼頭、鐵行碼頭、粵港澳碼頭、天星碼頭、德忌笠碼頭、同安碼頭、兩榮碼頭、同德碼頭、三角碼頭、港內線碼頭和汽車渡海小輪碼頭等。

早年上岸台

　　船隻上岸必經碼頭，早年碼頭簡陋，實為上岸台，不能停泊較大船隻，不用說遠洋輪船了，一般只適合舢舨停泊。

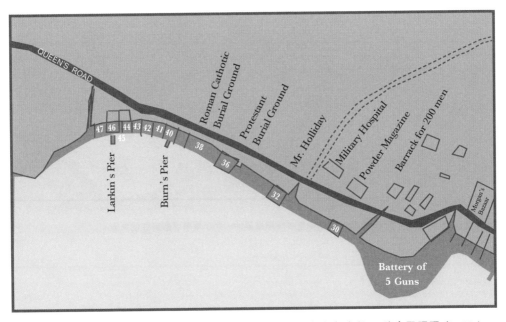

圖 2.1　1841 年灣仔地圖，圖中顯示三小碼頭，從左至右為海旁地段 46 號拿堅碼頭（Larkin's Pier），屬花旗記喇士庇行（Charles V. Gillespie）所有，由拿堅船長（Captain Thomas Larkin）代理，今春園里一帶。海旁地段 40 號賓士碼頭（Burn's Pier），屬麥域嘉公司（MacVicar & Co.），今廈門街一帶，最右方是近摩根市集（Morgan's Bazaar）的軍部碼頭，今金鐘一帶。

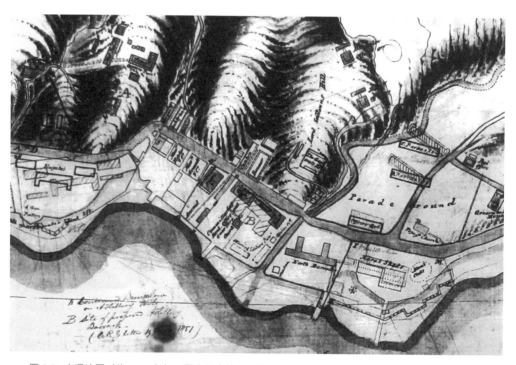

圖 2.2　中環地圖（約 1844 年），圖中是金鐘軍事基地，大小軍事碼頭有四個之多。

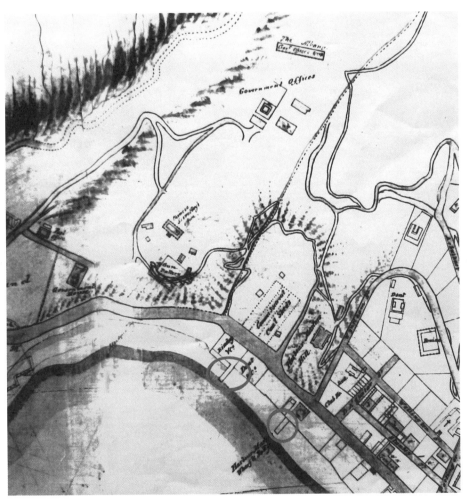

圖 2.3　中環地圖 （約 1844 年），中有一小碼頭名為寶順碼頭（Dent's Pier），屬寶順洋行所有，位於海旁地段（Marine Lot）4 號，即今畢打街與皇后大道以西地段，其左是連士公司（Lindsay & Co）。右方是船政廳（Harbour Master，後稱海事處）碼頭。

兩年後，海旁地段業主、政府和軍部都各自興建碼頭，多了八個，如雨後春筍，見下圖。

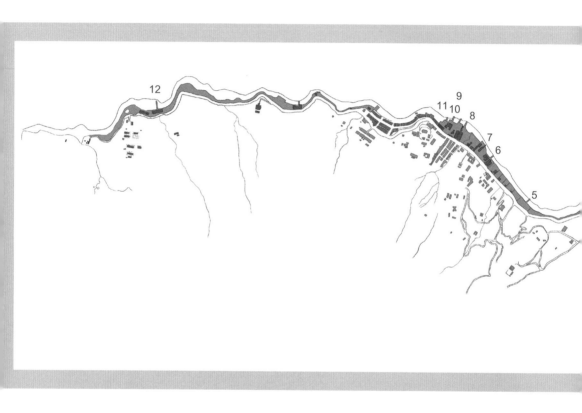

圖 2.4 1843 年港島北岸地圖，上方為北，下方為南。圖中可見從灣仔開始向西數：拿堅（1）、賓士（2）和軍部碼頭都還在，但軍部多了近廣州市集（Canton Bazaar）和新軍營兩個碼頭（3、4）；中環的寶順碼頭（5）仍在，海旁地段 12/13 號間（今利源西街）設有碼頭（6），12 號屬何理地衛斯公司（Holliday & Wise Co），13 號屬畢打上尉（Lieutenant Pedder）；海旁地段 15 號亦設有碼頭（今域多利皇后街，7），屬衛斯打先生（Mr. Webster）；海旁地段 53 號設有碼頭（今中環中心東，8），屬飛即先生（Mr. Christopher Fearon），其長子森・飛即（Samuel Turner Fearon）曾服務港府註冊處（Registrar General），中文極好，是帶動英國漢學的幕後英雄；海旁地段 54 號設有碼頭（今中環中心中，9），屬華人物業；海旁地段 55 號設有碼頭（今機利文街，10），屬麥健先生（Mr. McQueen）；海旁地段 56 號設有碼頭（今永吉街，11），屬史葛先生（Mr. Scott）；西營盤兵房（今西邊街一帶）有軍部碼頭（12）。

圖 2.5 圖中是森‧飛即（S.T. Fearon，香港首任總登記官，後為英國倫敦大學國皇學院首任中文教授，他母親是 1830 年三位「番婦入城」之一）上岸台，「飛即上岸台」左方是中環街市（不在圖內），圖最右是濟南（又名陳亞權）擁有的敦和行（可參看圖 5.11）。

早年碼頭

　　1850 年代政府提出的大規模填地計劃，雖未成功，但其計劃卻得以分階段落實。1860 年，英國取九龍半島，而 1869 年蘇彝士運河又開通，令 1860 至 1870 年代的香港碼頭又有一番新景象，大小合共三十多個。下面只介紹一些比較大或出名的碼頭。

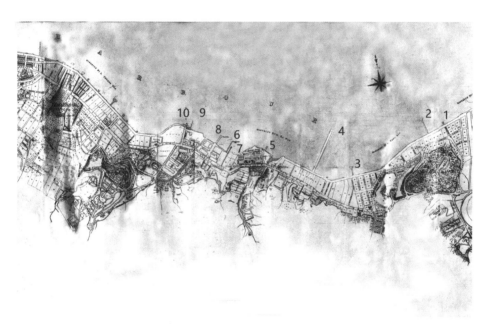

圖 2.6　1874 年灣仔地圖，從東向西數（右至左），摩利臣山道海旁有小碼頭（1）；海旁地段 122 設有碼頭（2），屬黃埔船塢；春園的拿堅碼頭（3）仍在，但已易手；海旁地段 29/30 間設有千呎長的碼頭（4），屬香港埔頭和貨倉有限公司（Hong Kong Pier and Godowns Co. Ltd.），但公司一年後因虧損而結業；金鐘兵房設有大小四個碼頭（5-8），供軍器廠、軍需處和海軍所用；香港最早的體育會——維多利亞娛樂會（Victoria Regatta Club，後稱 Victoria Recreation Club）設在軍部西旁（9），有海浴棚供會員使用；廣場旁是屬政府的美利碼頭（Murray Pier，10）。

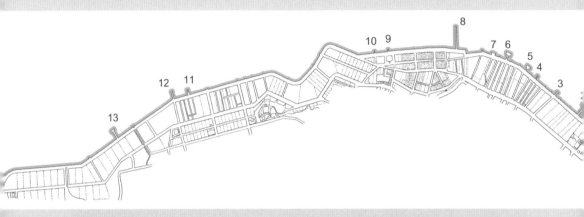

圖 2.7　1867 年中西環地圖，寶順洋行於 1867 年結業，其碼頭亦告終；政府的必達碼頭（Pedder Wharf，後稱卜公碼頭）設於畢打街海旁（1），位於渣甸和寶順洋行（1841 年已在港成立，與渣甸洋行成為香港兩大洋行，兩行的寫字樓在必達碼頭上岸之東和西，寶順洋行曾捐贈第一代大會堂前的噴水池）中；海旁地段 10a 的保華公司（C.W. Bowra & Co.）設有碼頭（2）；政府於砵甸乍街設有碼頭（3）；中環街市於中巷（Central Avenue）海旁設有碼頭（4），其西的鐵行公司（Peninsular & Oriental Steam Navigation Co.）有自己的碼頭（5）；海旁地段 53 至 56 號碼頭仍在，但以華人和史葛先生兩碼頭較大（6, 7）；海旁地段 22 號的碼頭是中西環最長的碼頭（8），是停泊粵港輪船的粵港碼頭；禧利街和急庇利街海旁的碼頭較小，是從大會堂地段遷至摩利臣街海旁（9）的船政廳（Harbour Master Office，後稱海事處）碼頭，只供政府使用；海旁地段 225 號設有碼頭（10）；文咸西街、皇后街和修打蘭街海旁都設有小碼頭；海旁地段 97 號（11）、屈地街海旁（12）和海旁地段 205 號的碼頭（13）就比較有規模。

圖 2.8　1870 年代灣仔至金鐘海岸：圖右最長的碼頭是香港埔頭和貨倉有限公司所興建（4）；圖中上方是渣甸洋行，對下是摩利臣山道海旁碼頭（1），再下淺色是黃埔船塢碼頭（2），最右的海岸線上是春園碼頭（3）；圖下中是軍需處碼頭 5, 6），其左方 T 形是海軍碼頭（7）；圖最左下方是美利碼頭，其上方是維多利亞娛樂會的海浴棚（8）。

圖 2.9　1869 年愛丁堡公爵訪港，在必達碼頭上岸，圖下方是必達碼頭，其上是德忌笠士碼頭。

　港島北岸百年變遷

圖 2.10　1870 年代粵港輪船停泊於粵港輪船碼頭，粵港輪船仍用外輪推行（paddle wheel steamer）。

19 世紀末的碼頭

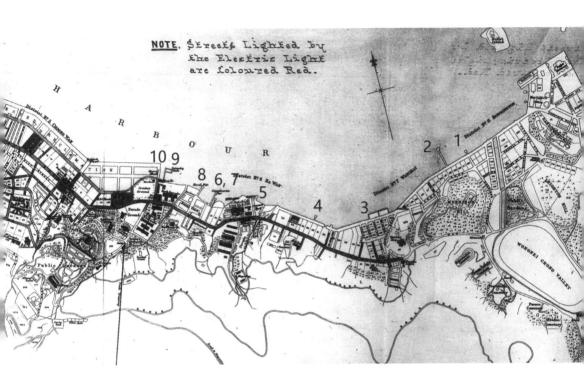

圖 2.11　1890 年灣仔地圖：摩利臣山道海旁（1）和黃埔船塢碼頭（2）仍在；海旁地段 116 至 118
號設有碼頭（3）；船街海旁設有碼頭；香港碼頭和貨倉有限公司所興建的碼頭就變回小碼頭（4）；
供軍器廠、軍需處和海軍所用的碼頭（5-8）就保持不變；維多利亞娛樂會的海浴棚（9）和美利碼頭
（10）也不變。

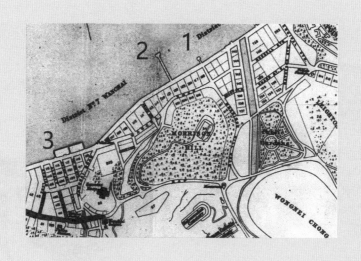

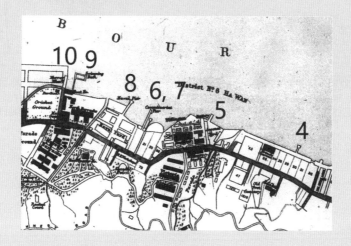

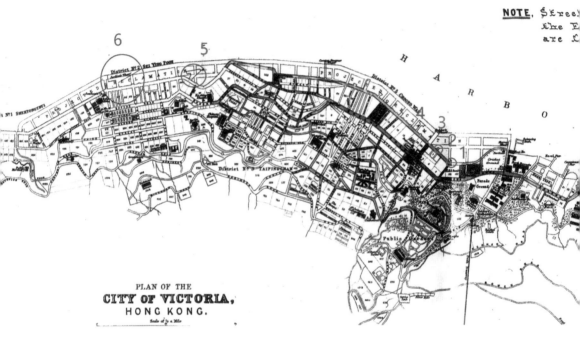

圖 2.12 1890 年中西環地圖：雪廠街海旁設有碼頭（1）；海旁地段 7 號設有碼頭（2）；必達（3）
和德忌利士公司（Douglas Steam Co.）的碼頭（4）就擴建了；除渣甸在海旁地段 97 號前興建一與
海堤平衡的碼頭（6）和海旁地段 71 號設有碼頭（5）外，其餘在 1860-1870 年代已有的碼頭都在原位。

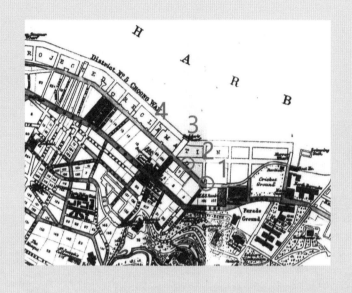

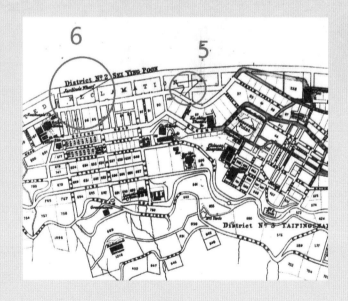

圖 2.13　1885 年的美利碼頭

圖 2.14　圖中伸出海 T 形是 1890 年代的海軍碼頭

圖 2.15　1885 年重建後的必達碼頭，圖左是聚珍館（第一代大會堂，落成於 1869 年，由愛丁堡公爵主持開幕），其右是滙豐銀行。

圖2.16　1890年代上環海岸線，圖右是興建中的中環街市，其左方是永安街碼頭（今中環中心所在位置），圖最左方是泊有兩艘粵港輪船的粵港輪船碼頭。

圖 2.17　1890 年代西環，圖左下方是屈地街煤氣公司，圖右上方是海旁地段 204 前的碼頭。

20 世紀初的碼頭

　　1890 年代中西環填海，政府於 1893 年立碼頭新法例，除少數私人碼頭如渣甸洋行和九龍倉等外，以強制賠償方法收回私人碼頭業權，並重建美利、必達、砵甸乍街、船政廳和南北行五個政府碼頭於新海堤。1899 年第 37 號碼頭法例在 20 世紀的第一天生效，賦予政府權力可出售興建碼頭權益，以價高者得為原則，但要根據碼頭大小交年租，權益為期 25 年，即 1924 年 12 月 31 日到期。並設立維多利亞永久碼頭位置編號（Victoria Permanent Pier Number，簡稱 VPP No.），以識別碼頭位置，例如天星碼頭是 V.P.P.26（見圖 2.22）。1924 年，法例再續至 1950 年。因此港島北岸的碼頭官方名稱是 V.P.P. No，其他名稱多來自租用者的公司或私人名稱。由於法例指定乘客可從任何碼頭上落岸，除租用者自己的船外，駁艇因此也是碼頭常客。

　　與此同時，遠洋郵輪經常訪港，有些超大的郵輪未能停泊碼頭，要在維多利亞港內停泊，政府亦安排船泊浮標供各類不同船隻停泊。

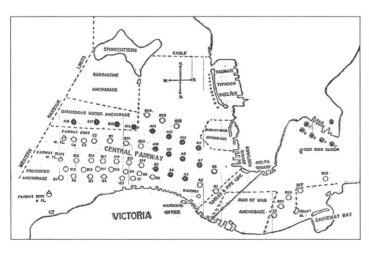

圖 2.18　圖中是維多利亞港浮標位置，昂船洲以南是船隻檢疫停泊區，區南是危險貨品停泊區。圖中有兩軍艦停泊區，一是油麻地避風塘以南，佐敦軍部以西，另一是海軍船塢以北。圖中亦有兩海底電纜和水管區，一是昂船洲至大角咀，另一是尖沙咀至中環（詳情可參看第七章）。

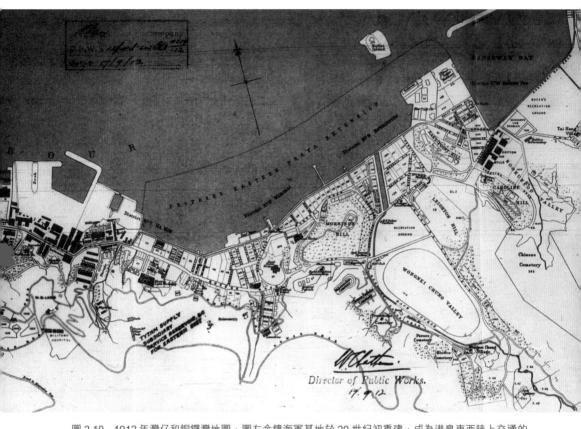

圖 2.19　1912 年灣仔和銅鑼灣地圖，圖左金鐘海軍基地於 20 世紀初重建，成為港島東西陸上交通的樽頸位，這故事在第三章交代。灣仔的碼頭轉變見於 1930 年海堤東填海完成後。

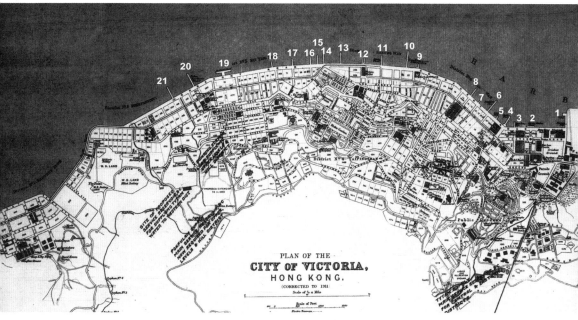

圖2.20　1911年中西環地圖，從右至左碼頭：新美利碼頭（1）；皇后像廣場海旁多了皇后像廣場（2）和天星碼頭（3）；必達碼頭變成卜公碼頭（4）；鐵行新址前有新鐵行碼頭（5）；其餘有德忌笠士（6）、砵甸乍街（7）、中環街市（8）、船政廳（9）、粵港輪船（10）、急庇利街（11）、西環街市（12）、海安碼頭（13）、港澳碼頭（14）、元源碼頭（15）、中安碼頭（16）、西江碼頭（17）、渣甸碼頭（後售九龍倉，19）和招商局新建碼頭（20）。

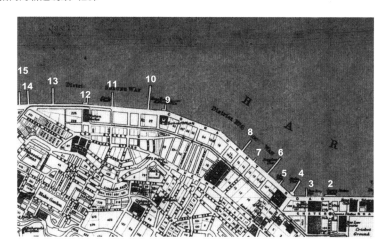

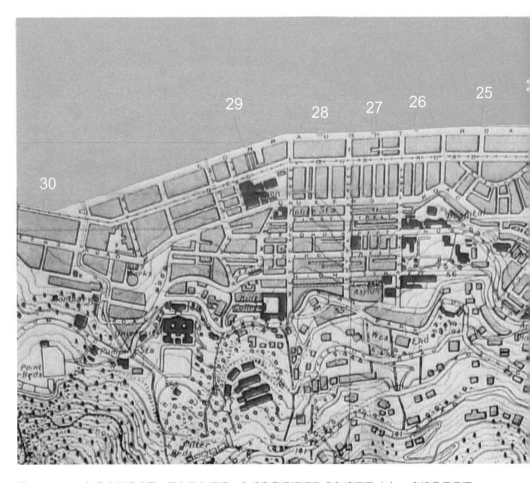

圖 2.21　1930 年代中西環地圖，從右至左碼頭：皇后像廣場碼頭變成皇后碼頭（1），旁邊是天星碼頭（2）、卜公碼頭（3）、鐵行碼頭（4）、德忌利士碼頭（5）、砵甸乍街政府碼頭（6）、往油麻地渡海輪碼頭（7）、水車館碼頭（8）、聯昌碼頭（9）、大阪商船碼頭（10）、廣榮碼頭（11）、來往紅磡九龍城筲箕灣渡海輪碼頭（12）、海事處碼頭（13）、省澳輪船公司碼頭（14）、胡麥公司（前同安，後明生）碼頭（15）、亞洲地產公司（後保德）碼頭（16）、生元地產投資公司（前平安）碼頭（17）、往旺角深水埗渡海輪碼頭（18）、元安碼頭（19）、同安碼頭（前海安，後大葉，20）、楊泰興（後泰興）碼頭（21）、澳門碼頭（俗稱三角碼頭，22）、元源（後亞洲地產公司）碼頭（23）、中安碼頭（24）、西江碼頭（25）、來往大澳長洲油麻地旺角深水埗渡海輪碼頭（26）、唐大碼頭（後裕興，平安）碼頭（27）、九龍倉碼頭（28）、華商碼頭和中國貸款及按揭公司碼頭（29、30）。

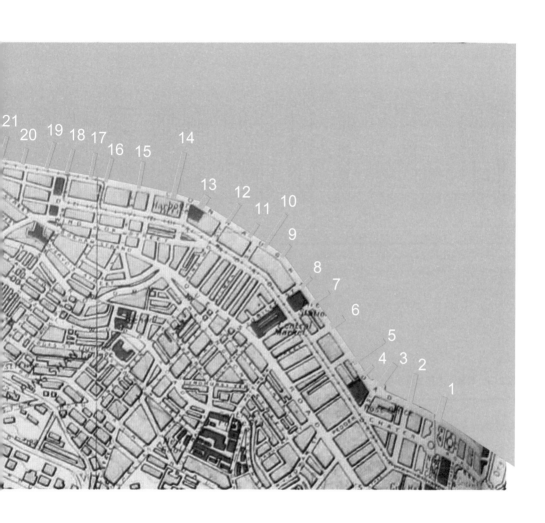

21　20　19　18　17　16　15　14　13　12　11　10　9　8　7　6　5　4　3　2　1

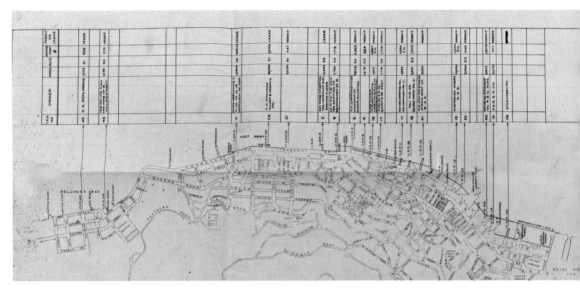

圖 2.22　戰後，大部份碼頭租約陸續期滿，北岸趁此填海，碼頭因此繼續北移。圖為北移前的碼頭一覽。

圖 2.23　中下方是美利碼頭，從左至右的建築物是太古洋行、新東方銀行、電報大樓、香港會所和皇后行。

Statue Pier Hongkong

圖 2.24　圖正中是皇后像廣場碼頭，中間的吊機屬海軍船塢，左方是維多利亞娛樂會。木碼頭簡陋，與皇后像廣場和周邊豪華建築物不太配合，1924 年改建成皇后碼頭。

圖 2.25　皇后像廣場碼頭改建成皇后碼頭，與維多利亞女皇銅像成一直線。左前方是和平紀念碑，其後是高等法院（今終審庭），正中是建於 1930 年代的滙豐銀行，是當時最高建築物，右前方是皇后行，即今文華酒店，是香港最早設有電梯（升降機）的建築物，其後方是太子行。

圖 2.26　1900 年的天星碼頭，後方為皇后行。

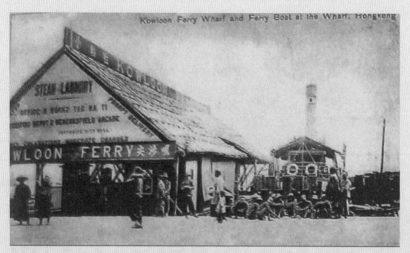

圖 2.27　1904 年前的天星碼頭，仍是草寮蓋。

圖 2.28　1904 年 6 月 2 日下午 2 時半，香港島的天星碼頭發生火災，草寮很快成為灰燼，來往港九的天星小輪要改泊卜公碼頭。新落成的天星碼頭蓋已轉為水泥蓋，圖中是重建後的天星碼頭。

圖 2.29 1870 年代末，來往港九兩地的小輪叫「曉星」號，被稱為九龍火船服務，1888 年火船公司成立加入競爭，可惜於 1894 年結業。以「星」為號等船壟斷港九小輪服務，1898 年天「星」小輪有限公司成立，買入四艘以「星」為號的船經營港九小輪服務。這不但有利本地居民，亦將停泊在九龍倉碼頭的遠洋郵輪豪客送至港島遊玩。其服務至今仍存。圖正中是加建了大鐘的天星碼頭，成為天星碼頭的標誌。

圖 2.30 1950 年代的天星碼頭，遠看其大鐘，仍是天星碼頭的標誌。其左是皇后行，其後是聖佐治大廈，其右是皇帝行。

No. 241   Black Pier, Hongkong

圖 2.31　圖是戰前的卜公碼頭，其鐵蓋仍在赤柱。

圖 2.32　現今在赤柱的卜公碼頭，仍見鐵蓋。

圖 2.33　未遷摩士公園前的卜公碼頭鐵蓋，工務局詳細檢查鐵蓋結構後，發現 16 對鐵柱和框架可重用，但最後在摩士公園的卜公碼頭鐵蓋只用了 10 對，餘下 6 對找不到歸宿而要棄置。

圖 2.34　圖右下是鐵行私人碼頭，中是德忌利士私人碼頭。

圖 2.35　1920 年代於域多利街往油麻地的碼頭

圖 2.36　船政廳（Harbour Master Office，今海事處）於 1841 年成立，由畢打任船政廳長，掌管香港海上秩序。船政廳辦事處最早設在船上，畢打要自掏腰包在一小丘上建自己的房屋作辦事處，小丘被稱為畢打山（Pedder's Hill），而房屋就叫船政廳長樓（Harbour Master's House），後在第一代大會堂原址設碼頭和辦事處，因興建大會堂而西遷至海旁與摩利臣街交界（今西港城，見圖 1.6、5.1），1906 年再遷原址以東 370 碼（林士街與干諾道中交界，今無限極廣場）。1980 年代，海事處拆卸後，建維德廣場。圖是 1910 年代的海事處碼頭。

圖 2.37 早於 1844 年粵港已有小輪往來兩地。1848 年鐵行行走兩地的小輪叫廣東號,每週兩班,而粵港蒸汽郵輪公司亦於同年成立,可惜於 1855 年結業。同年,每週亦有兩定期往來粵港的航班,由著名小輪 Willamette 接送乘客。1865 年,粵港澳火船公司成立,香港第一代船王郭松也是董事,自始有定期往來粵港澳的航班。圖中的是粵港碼頭。

圖 2.38　圖是位於干諾道中界乎禧利街和文華里中的兩榮碼頭，胡麥公司曾經租用，戰前曾叫同安和明生碼頭。

Haw-Tak Wharf, Hongkong. H.

圖2.39　圖是位於干諾道中介乎禧利街和急庇利街中的厚德碼頭，戰前亞洲地產公司曾經租用，後曾叫保德碼頭。

圖 2.40　圖左是同安（戰後稱明生）碼頭，圖中有蓋很短的是泰興碼頭，最右見到部份港澳碼頭，俗稱「三角」碼頭。

圖 2.41　摩利臣街對開來往旺角和深水埗碼頭

1950 至 1970 年代，中環和西環分五期和兩期填海，灣仔和北角亦大幅度填海；隨着首條海底隧道通車和船務業式微，各碼頭除向北移外，數目亦大幅減少。上落貨的碼頭集中於西環，港澳碼頭在上環的重建，成為最繁忙獨立行線的大碼頭；此外，離島線、汽車渡海和港內線碼頭亦集中和重建。新建的灣仔和北角碼頭亦告啟用，於港內服務乘客。

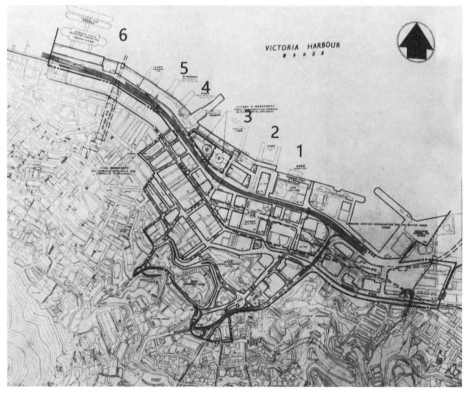

圖 2.42　填海後的中環規劃圖，從東至西，可見到美利碼頭消失了，計劃中有新的皇后碼頭（1）、天星碼頭（2）、卜公碼頭（3）、港內外線碼頭（4，5）和港澳碼頭（6）。

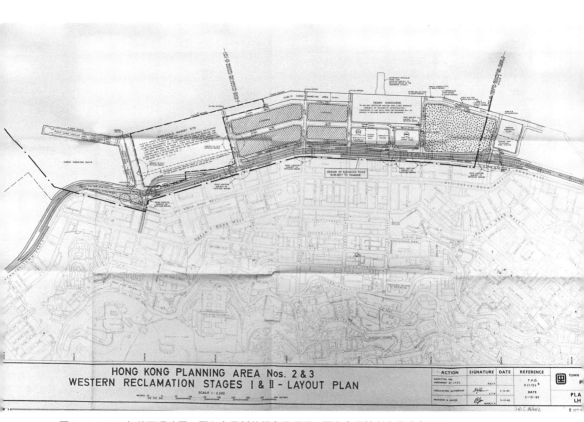

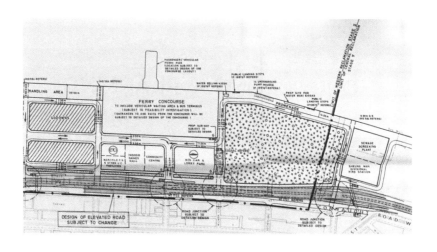

圖 2.43　1981 年的西環地圖，圖左方是新的招商局碼頭，圖右方是計劃中的政府碼頭。

圖 2.44　1964 年的灣仔地圖，從左至右：舊的灣仔碼頭在杜老誌道海岸，舊的垃圾倒卸碼頭在菲林明道海岸，六國酒店海岸有盧押道上岸梯級，最左是芬域街的芬域碼頭。

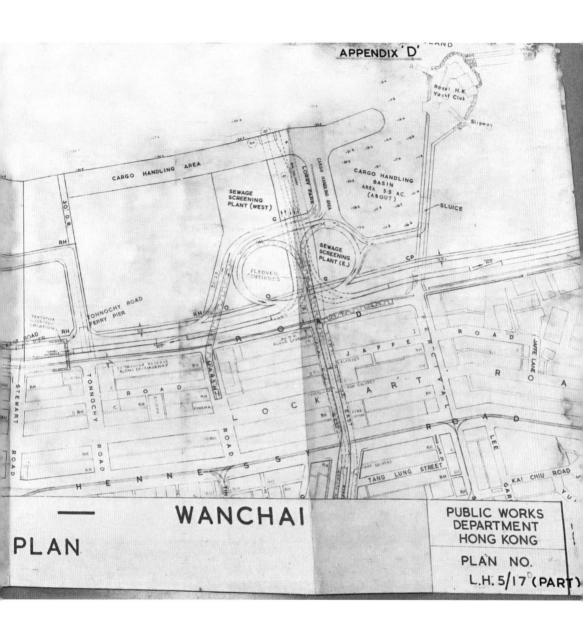

APPENDIX 'D'

WANCHAI

— PLAN

PUBLIC WORKS
DEPARTMENT
HONG KONG

PLAN NO.
L.H. 5/17 (PART)

圖 2.45　戰後中環填海後的新皇后碼頭

圖 2.46　1960 年代中環填海後的新皇后碼頭、天星碼頭和卜公碼頭。

圖 2.47　有關汽車渡海故事，可參看圖 7.13。圖為統一碼頭的汽車渡海碼頭。

圖 2.48　1970 年代中環填海後的新港澳碼頭，1980 年代落成的新港澳碼頭可參看圖 1.52。

今天的碼頭

　　1990 年代的新機場（赤鱲角）計劃，再令中環填海，一系列碼頭又再一次向北移，港島碼頭編號只餘下十多個。自內地改革開放後，港澳碼頭實質上已變成陸港澳碼頭，但 2018 年港珠澳大橋通車就直接挑戰港澳水翼船的角色。在港內，除了長洲、坪洲和南丫島等幾個離島外，其他如大嶼山的梅窩和大澳等地都有陸路交通可抵達。1972 年葵涌貨櫃碼頭啓用，取代了九龍倉的大型船運碼頭。汽車、機場鐵路和地下鐵路的海底隧道亦幾乎淘汰了港內渡海小輪。碼頭在不久的將來，亦快要變成古蹟。

第三章

船塢篇

導讀

　　船隻與其他交通工具一樣需要維修，早年在灣仔和西環海岸佈滿船隻維修的設施，起初是船排（patent slip），後才有旱塢（dry dock），即船塢。隨着航運業走下坡，這些船排和船塢都先後消失。西環只剩下山市街，即山市船排舊址。灣仔的船街、分域街和克街都是舊船排或船塢的舊址。19世紀末，港島北岸填海計劃下，新填地無形中將金鐘海軍基地變成內海，軍部被迫同步向北移，於1901年開始興建超級大船塢，是為海軍船塢。差不多同一時間，太古洋行看好航運業，1901年在港島東近鯉魚門入口開始興建船塢，與九龍黃埔船塢平分船塢市場。上文提及金鐘海軍基地是港島陸路發展的樽頸，本章在海軍船塢的故事加添了交通樽頸消失一節，相信老一代或留意香港歷史的讀者會產生共鳴。

早年的船塢

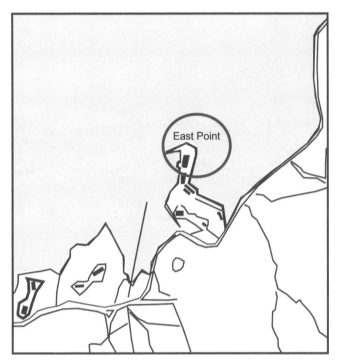

圖 3.1　港島北岸伸出海最北的陸地當時多以角（Point）命名，如西角（West Point），北角（North Point）和東角（East Point）；九龍則有九龍角（Kowloon Point）。圖正中位置是東角（今仍有東角道），是渣甸洋行早年地址（見圖 1.4），亦是香港第一艘本地造船（天堂號，Celestial）下水地方，時為1843 年 2 月 7 日，天堂號是木船，由蘇格蘭人設計，重 80 噸。

圖 3.2　此圖非本地船排，只供參考船排運作。圖左下方可見一船軌，作用是將船拉上岸或下水用。

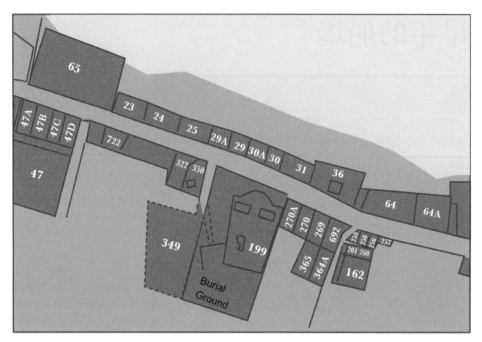

圖 3.3　1856 年灣仔地圖，圖中數字是地段號碼，「31」即是海旁地段 31 號，海旁 31 與 36 號中間為今聯發街，海旁 36 與 64 號中間為今船街。1845 年，亞美菲沙公司（Emery & Frazer Co.）於海旁地段 31 號設立船廠，1858 年轉手荷斯（Stephen Prentice Hall），1866 年售予麥多高公司（MacDougall & Co.），1868 年再轉手維多利亞鑄造廠（Victoria Foundry），1870 年售予安格斯鑄造廠（Inglis Foundry），最後轉手芬域（George Fenwick）。1850 年羅斯及伯堅公司（Ross & Perkins Co.）於海旁地段 36 號設立船廠。船街之名當之無愧。1869 年史伯公司（W.B. Spratt & Co）船廠於海旁地段 25 號成立。

圖 3.4　圖右是 1864 年開業的麥當勞船廠（MacDonald & Co.），1872 年麥當勞去世，山市（G.U. Sands）購入，1876 年山市去世，黃埔船塢收入旗下船塢。中左方是遠東最早的煤氣公司（見圖 5.30），今屈地街。

海軍船塢

　　黃埔船塢盡收香港船廠,成為壟斷的船廠王國,集中發展九龍紅磡和大角咀的大同船塢。19 世紀末的港島北岸填海,致港島北岸船塢已基本上消失。但金鐘海軍基地是否要跟港島北岸一起向北移?海軍決定與時並進,興建大型船塢。然而,這個在鬧市中的軍事船塢,除阻礙民事發展外,更嚴重阻塞陸上交通,形成陸上「交通樽頸」。

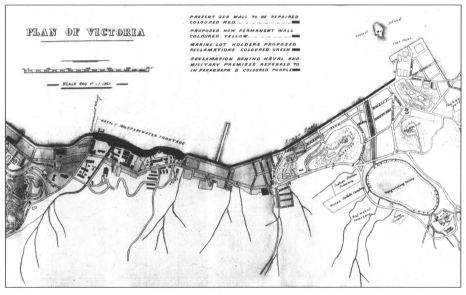

圖 3.5　1874 年地圖,左中方顯示軍部擁有的海岸線。

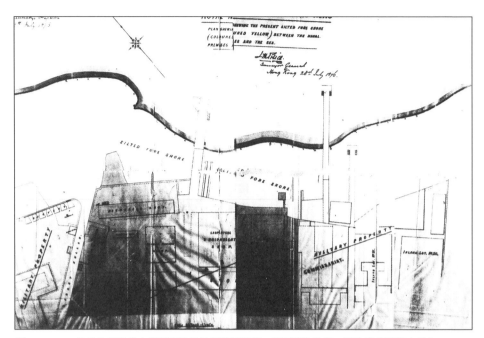

圖 3.6　1876 年量地官裴樂士投訴海軍船塢前淤泥阻塞，不利船隻航行，更破壞維港衛生環境。

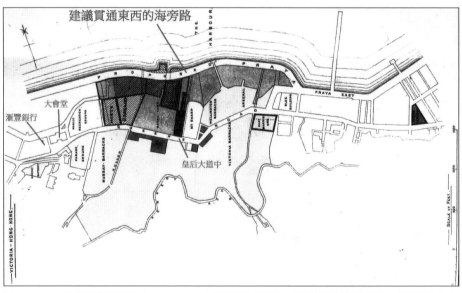

圖 3.7　1886 年署任港督馬殊（W.H. Marsh）向殖民地部提出在海軍船塢前興建馬路，解決衛生和交通問題，圖上方是建議的馬路，可惜因財政緊絀而放棄。

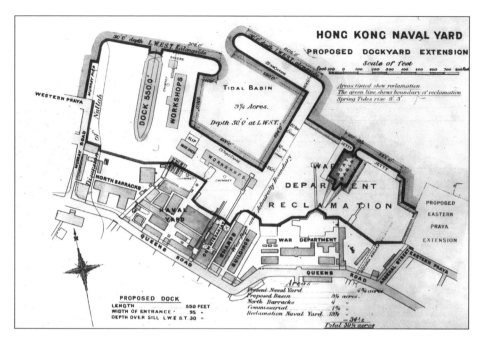

圖 3.8　遮打的港島北岸填海計劃令軍部要回應海軍基地的去向；1900 年，軍部決定於海軍基地填海，圖中下方的粗黑線是當時的海岸線，其下方是當時的海軍基地包括軍器廠、軍需處和海軍碼頭（見圖 1.12, 2.8）。上方的粗黑線是海軍船塢填海計劃範圍，即海軍船塢新址。

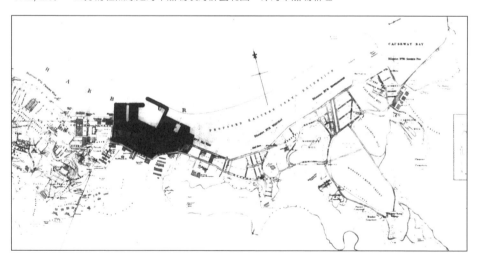

圖 3.9　軍部的海軍船塢填海計劃（圖中黑色地方），仍將港島中西分成兩區，東西陸上交通只靠圖中黑色下方的皇后大道東，將嚴重影響交通。本港富豪們曾向英國請願，要求停止興建，但未成功。

圖 3.10　此圖是以遮打為首的本地富豪向英國提交請願書，當中可一睹當時名人的簽名，左欄簽名從上至下是遮打、何啓、總商會秘書韋碻（R.C. Wilcox）、史勿夫（J.R.M. Smith）、渣打銀行高查（T.P. Cochrane）、渣甸洋行狄信（C.W. Dickson）、布朗（D.E. Brown）、米曹（E.W. Mitchell）和摩地（H.N. Mody）；右欄簽名從上至下是工程師單比（W. Danby）、坡樂（G. Ballock）、沙宣公司雷蒙（A.J. Raymond）、科比（A. Forbes）、活地（A.G. Wood）、里斯公司（Reiss & Co）唐健（H.E. Tomkins）、天祥洋行（Dodwell & Co.）米克（G.H. Medhurst）和于仁燕梳桑打士（W.J. Saunders）。另外還有英皇御准大律師普樂（H.E. Pollock）、定例局議員韋玉、德忌笠公司盧易斯（J.H. Lewis），請願結果當然未被接納。

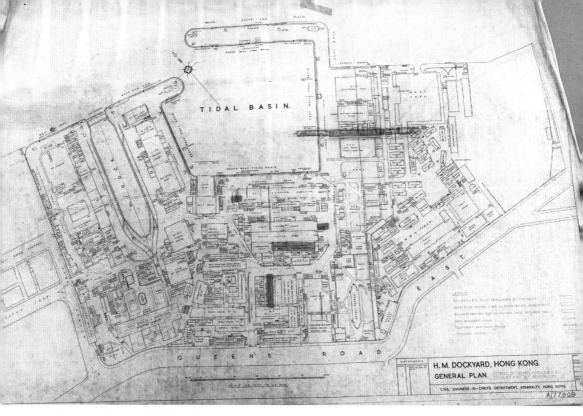

圖 3.11　花了一百萬英鎊興建的海軍船塢，內裏有如一小鎮，軍人一切生活無須外出。船塢內的街名以訪港的英國軍艦命名，對正大門入口是「山多利亞艦」（HMS Centurion）道，右面是「添馬艦」（HMS Tamar）道，左面是「海洋艦」（HMS Ocean）道。英人於 1880 年代引入英式足球（soccer），1886 年洛克（Stewart Lockhart）主持會議成立香港足球會，其後於 1895 年創立挑戰盃，1896 年改名銀牌，「山多利亞艦」奪首屆銀牌冠軍。「添馬艦」在太平洋戰爭犧牲，戰後海軍基地以她命名。

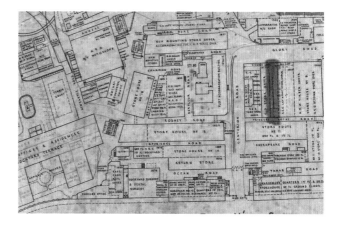

圖 3.12 圖是奪得 1896 至 97 年度香港足球銀牌冠軍的「山多利亞艦」。她於 1894 年投入英駐華艦隊，同年抵港。李鴻章曾登訪「山多利亞艦」，她亦曾參與大沽口戰役，補給其他軍艦。1901 年重返回英國，1903 年重年投英駐華艦隊，直至 1905 年。1910 年出售拆毀。

圖 3.13 「海洋艦」於 1900 年服役，屬英國駐地中海艦隊，1901 年因義和團事件，被派往加入駐中國艦隊直至 1905 年英日簽定聯盟，與其他四艘前無畏艦（Pre-dreadnought battleship, 1890 至 1905 年期間建造的戰艦的統稱。她取代鐵甲艦）一同被召回駐守英倫海峽，1908 年返回英國駐地中海艦隊，一次世界大戰沉沒。圖是「海洋艦」在維多利亞港時攝。

圖 3.14　遮打的中環填海計劃並沒有包括海軍基地（見圖 1.14 和 1.15），海軍於 1901 年開始興建海軍船塢，1907 年 6 月灌水旱塢，全部工程於 1908 年才完成。圖中是停泊軍艦的基地，其左方是旱塢，圖正中是船塢內 150 英尺高的煙囱，是當年的地方標誌。

1957 年英國政府宣佈關閉香港海軍船塢，以兩年時間安排結業，受影響員工約四千人。消息有喜亦有悲。喜者阻礙港島發展百年的交通樽頸問題可以改善，悲者員工要面對轉換環境或失業的情況；港府亦要賠償取回軍部的用地，連同九龍海軍船塢，一共要賠償 700 萬英鎊，約 1 億 1,200 元港幣，分期償還。協議於 1959 年達成，添馬艦軍事用地償款 2,400 萬，可見當時金鐘地價之高。

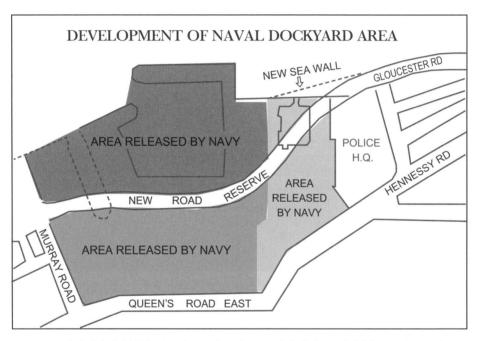

圖 3.15　軍部與港府達成協議，交還船塢以南用地，只留海旁基地。政府立刻規劃一新路（今夏愨道），連貫告士打道和中環，見圖中部。

圖 3.16　1960 年，中華廠商會利用海軍船塢空地舉辦工展會。

圖 3.17　在清拆海軍船塢時，原於 1902 年 1 月 15
日下午 3 時由海軍准將包和（Commodore Francis
Powell）夫人在旱塢奠基石下埋下的時間囊得以重
見天日。三份 57 年前的報章《德臣西報》、《孖
剌西報》和《士蔑西報》，連同海軍船塢擴建圖則
和六個當年通用於星馬海峽、香港和上海的銀幣原
封不動地再現。

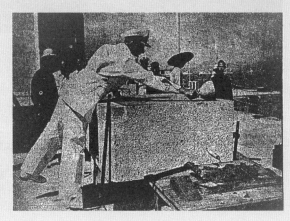

圖 3.18　1946 年《南華早報》已將
海軍基地稱添馬艦（HMS Tamar），
以紀念添馬艦在二次世界大戰殉職。
1947 年，憲報公告海軍基地內的教堂
是合法婚姻註冊地，亦以添馬艦稱呼。
1962 年 10 月 22 日，海軍准將畢拿
（A.R.L. Butler）將新的海軍船塢奠基
時間囊放回添馬艦基地，時間囊為封
密鉛箱，內有 1959 年發現的時間囊遺
物、1962 年 10 月 21 日的報章、當時
的銀幣、添馬艦帽帶、《南華早報》5
月拍下新奠基石開幕相片、新海軍船
塢圖則和相片。鉛箱放在新舊兩奠基
石之中間地下，成為新時間囊，圖是
海軍准將畢拿封密鉛箱。

金鐘交通樽頸的死亡彎角

造成金鐘交通樽頸的威靈頓兵房（Wellington Barrack）和交通黑點「死亡彎角」最容易勾起港人於 20 世紀五六十年代的回憶。1964 年 4 月電車在「死亡彎角」翻倒的慘劇，導致一死六十傷，老一代港人記憶猶新。

圖 3.19 工程車準備在「死亡彎角」翻側的電車拉正。

圖 3.20 1964 年 4 月「死亡彎角」發生嚴重電車事故，136 號電車翻車。

太古船塢

　　位於鰂魚涌的太古船塢，因地盤處於石山，興建時用的是當時最先進的機械，不少蒸汽機推動吊機在地盤運作。1901 年動工，1908 年 10 月，第一艘船入塢，與海軍船塢雙雙成為港島北岸兩大型船塢，與對岸的黃埔船塢互相輝映，養活不少港人。

　　1978 年太古與黃埔船塢合併，組成聯合船塢，並遷往青衣。太古、黃埔和大同船塢原址先後改建為太古城、黃埔花園和大同新村，光輝的香港船務業走下坡，被地產取代。

圖　3.21 1960 年代從東向西看的太古船塢，左下方三棟平房是太古員工宿舍，建於 1960 年代初。

圖 3.22　戰後興建的太古船塢游泳池

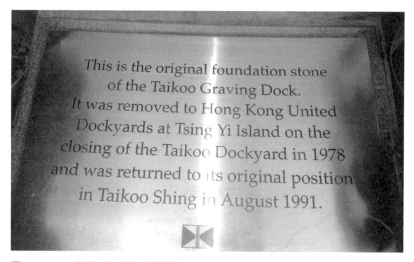

This is the original foundation stone
of the Taikoo Graving Dock.
It was removed to Hong Kong United
Dockyards at Tsing Yi Island on the
closing of the Taikoo Dockyard in 1978
and was returned to its original position
in Taikoo Shing in August 1991.

圖 3.23　1991 年遷回太古城另造的牌匾

第四章

避風塘篇

導讀

　　香港雖然坐擁深水港的地理優勢，但颱風的威脅從未消失。颱風帶來的風暴潮，令船家海員見而生懼，而避風塘解決了颱風期間船隻的安全問題，至今仍發揮作用。但全球暖化，兩極冰塊大幅融解，令海岸水位上升，風暴潮對海岸和近海建築物帶來一定程度的風險。

　　船隻最早避風的地方是天然內河或內灣。港島北岸只有一小內河名寶靈頓內河，這就成為早期的天然避風塘。但內河面積小，每有颱風都容不下所有船隻，慘劇時常發生。1874 年大風災，災情嚴重，促使政府興建避風塘，選址銅鑼灣，是香港首個避風塘。避風塘不單避風，以往更是水上人的居處。1950 年代銅鑼灣填海，新填地用作公園，名為維多利亞公園。

早年天然避風塘

　　香港雖位處亞洲地理佳地，但亦受天災如颱風或豪雨侵襲。颱風令海上翻起波濤，潮水上漲，造成水浸，而巨大風力也往往破壞海船和陸上的建築物。船民根據傳統智慧如悶熱（氣壓低）、黑雲速度和潮水上漲等現象而預測天氣變壞甚至颱風將臨，需要找內灣或內河泊船避風。堅拿道河、昂船洲、九龍和長洲等地都經常泊滿船隻。

　　1874 年的超級颱風終於「吹醒」了政府，該要興建避風塘。1877 年，

圖 4.1　1870 年代東角一帶，下方是寶靈頓內河，每逢颱風來臨，是小船避風所。

政府統計有 12,000 人居於 3,000 艘艇上，有男有女，有老有幼，更有三代同艇，由此而推算出避風塘規模大小。在避風塘出現之前，艇戶遇上颱風，多泊寶靈頓河、九龍內灣或卑路乍灣等地。舢舨和貨艇當時是香港主要客貨運輸工具，是不少水上居民的謀生工具以至全家住所，乃經濟民生所繫。故此避風塘不單避風，亦是水上居民的安樂窩。

圖 4.2 　20 世紀初，仍見有小艇在寶靈頓內河停泊。

銅鑼灣避風塘

圖 4.3　1878 年量地官裴樂士
提出興建銅鑼灣避風塘（今維
多利亞公園）的圖則

圖 4.4　1883 年落成的銅鑼灣避風塘，塘內聚居不少水上居民。

圖 4.5　銅鑼灣避風塘填平前的面貌

圖 4.6　右上方是 1960 至 1970 年代的銅鑼灣避風塘，左下方的銅鑼灣裁判署於 1960 年落成，1987 年拆卸。

第五章

海旁建築物

導讀

　　香港開埠時，政府辦事處最初僅設在船上，待建築物落成後才陸續上岸。海事處、警處和郵政局因交通原因都要靠近岸邊。早年街市以發牌照模式運作，後才轉官辦，飲食貨品近岸上落方便。早年歌劇院、演講廳、舞廳、展覽館、博物館和圖書館集於一身的大會堂亦是私辦，重要建築物臨海理所當然。曾幾何時，太古員工宿舍和北角邨也擁有無敵海景，今天的政府總部也立在臨海之地。煤氣公司、糖廠和電力公司因要燒煤，為了方便運煤，也需在海旁。電報公司方便海底電纜上岸也靠近海旁。私人建築如鐵行、滙豐銀行、香港會所、香港大酒店和中式酒店等近海都有利生意。此外，這些建築物的轉變有同一特色——向空中發展。

政府建築物

　　早年政府建築物全出自量地處（後稱工務局）工程師的手筆，後來一些重要建築物如高等法院就交到外聘的專家手中。香港土地有限，自從工程師掌握到興建高樓大廈的科技，建築物自然向空中發展，增加空間。但政府建築物往往因功能原因，如法院和街市等，都只有數層，無法追上百層高的摩天大廈，地罕價高之下，亦令大部份政府建築物無法坐落在擁有維多利亞海景的位置，被迫遠離岸邊甚至置於偏僻地方，直至九七回歸後才改觀。

圖 5.1　船政廳（後稱海事處）是香港最早政府部門之一，初期在船上工作，上岸後在今仍在的舊中國銀行設立辦事處，鄰近該地段在 1860 年代填海興建大會堂，而船政廳也遷至海堤與摩利臣街交界（見圖 1.6）。此圖是 1880 年代的船政廳。1906 年，船政廳再次西移，遷至海堤與今林士街交界（見圖 2.36）。政府以建築物維修費高於重建費用，於 1980 年代將之拆卸，另建新辦事處。

圖 5.2　中環街市（一稱中央街市）是香港自 1842 年以來唯一在中環原地重建數次而到了今天仍屹立的建築物。圖正中見到夾在兩棟三層高的樓宇中間的草寮建築物是 1880 年代的中環街市，街市前海岸佈滿小艇，可見是當時是主要交通工具。

圖 5.3　1895 年落成的中環街市，是首間採用電力燈泡的政府建築物，在它前方的草寮屋亦售賣魚肉
蔬菜，與今天的街市情況相似，華人習俗，百多年如一日。

圖 5.4　1939 年在原址落成的中環街市，今天已有 82 歲，昔日海景早已消失了。政府在 2009 年宣佈把中環街市納入活化計劃，活化工程將保留建築特色，目前仍在積極進行中。

圖 5.5　船政廳於 20 世紀初遷至上環海旁，原址則用於興建上環街市，於 1906 年落成；其南座後來因興建地下鐵而拆卸，留下今天仍存在的北座——活化成為西港城，已是法定古蹟。1989 年落成的上環市政大廈取代了西港城原有的街市角色。圖正中的建築物在地下有大拱形結構的是上環街市，當年街市多臨海，有利上落貨。

圖 5.6　早年救火是依靠志願團體，後政府成立水車館（消防處前身），由警務處長掌管，但人手仍依賴志願團體。政府消防隊於 1868 年正式成立，部門仍是附屬於警務處，辦事處設在五號差館，位於著名的十字路口（今皇后大道、文咸東街、蘇杭街與威靈頓街的交界）。由於香港當年嚴重缺水，火災肆虐，消防隊的角色愈來愈重要，不斷擴充，終於成立消防局，並有自己的總部大樓。圖正中是落成於 1926 年的消防局大樓。消防局大樓在 1982 年底拆卸後，原地段改建成香港恒生銀行總行，至今未變。

圖 5.7　在畢打街海旁的中央郵政局於 1911 年落成，1976 年因興建地下鐵路而拆卸。

圖5.8　新郵政局建於康樂大廈（今渣甸大廈）前，只有幾層高，亦是臨海。

圖 5.9　1930 年代部份第一代大會堂拆卸後，香港經歷近 30 年沒有會堂。戰後中環填海，有了空間興建新會堂。第一代大會堂擁有的歌劇院、演講廳、博物館、圖書館和展覽館等都重見於 1962 年落成的第二代大會堂（見圖中間臨海位置），它屬政府建築物，擁有與滙豐銀行相同的無敵維多利亞海港景。圖中左邊是低座，並設有連接高座（見帆船後方）的兩層行人走廊，供市民欣賞維多利亞港的美景。大會堂前方是皇后碼頭（2007 年因填海計劃而清拆，重置地點和時間尚未確定），在大會堂高座前方海上的是香港 20 世紀標誌「鴨靈號」帆船。

圖 5.10　21 世紀，特區政府將政府總部、立法局和行政長官辦公室遷至金鐘新填海地段。圖中高座是政府總部，左方低座是立法局，右方低座是行政長官辦公室。

私人建築物

　　香港最早的建築物是商人築成的貨倉。1840 年代的港島北岸地段幾乎全在貿易商人手中，以貨倉和船務為主。19 世紀 60 年代開始，公共實業如煤氣、電報、電話和電力陸續引入香港，經營者各自有其建築物。煤氣和電力因要大量燃煤，建築物自然要靠海；通往九龍和內地的電報和電話依賴在維多利亞港底的海底電纜，建築物也要靠海而建；香港的船務和貿易仍然是維持香港的主要經濟支柱，大企業亦依海而建他們的建築物。

　　外國商人往來，起初住在會所，後才有較具規模的酒店，著名的酒店皆在海旁。華商往來粵港兩地，亦令碼頭旁多了客棧和中式旅館。貿易往來，需要銀行，他們亦有自己的建築物。踏入 20 世紀，第一代樓高三層的商業建築物逐漸消失，取而代之是多層私人建築物，趨向空中發展。20 世紀 50 年代，船務業走下坡，工業興起，旅遊業興旺；到 60 年代，港島北岸的建築物又一次大換貌；高樓大廈愈來愈多，而且愈來愈高，70 年代的建築物已有 40 層，80 年代進展至 80 層，今天已超越百層了：維多利亞港兩岸的摩天大廈如西九的環球貿易廣場、中環的國際金融中心和中銀大廈、灣仔的中環廣場等成為香港的標誌。

圖 5.11　1844 年敦和行,在海旁地段 54 號,為濟南(即陳亞權)擁有,是當時最大販賣鴉片和茶葉的華商,敦和行也是少數由華人擁有的海旁物業之一。可惜濟南於 1844 年 7 月因瘟疫離世。其向海面貌,見圖 2.5。

圖 5.12　香港開埠百年多都依賴船務業為主要經濟支柱,經營船運的「鐵行」(Peninsula & Oriental Steam Navigation Company)於 1846 年已提供來往香港和英國郵政和客輪服務,有其私人碼頭(見圖 2.34),該公司一直堅持船務生意,提供豪華郵輪服務,又設旅遊部門,至今屹立不倒。右方向左數第四支旗是「鐵行」的行旗,其後方是 1850 年代的辦事處。

圖 5.13　1869 年「鐵行」辦事處，其行旗高掛門前，旗杆前是「鐵行」的私人碼頭。

圖 5.14　1880 年代「鐵行」的新辦事處，屋頂仍掛行旗，建築物是以鐵建成，圖中可見正門的鐵柱，華人因此叫這商行為「鐵行」，與其英文名 Peninsular and Oriental Steam Navigation Company 風馬牛不相及。圖可見其新辦事處前的私人碼頭。

圖 5.15　1880 年代的維多利亞港，最右方的建築物是「鐵行」，其左方是第二代中環街市。

圖 5.16　1888 年,「鐵行」遷至海旁近渣甸大樓,皇后大道政府註冊處以北。圖左是畢打街大鐘樓和必達碼頭,其右是渣甸大樓,再隔一座就是新「鐵行」大樓,其外貌與前在中環街市以西時的一樣,只不過多了一層,其右是連卡佛大樓。

圖 5.17　1920 年代香港樓宇高度突破百英尺，興起向空中發展的熱潮，廣東銀行和亞細亞大廈都超越百英尺。「鐵行」亦加入戰圈，在原址對面買下海旁地段，於 1924 年以鋼鐵完成興建 125 英尺樓高八層的建築物，成為當時香港最高建築物。圖左是中央郵政局，其右是新「鐵行」大樓。其碼頭亦遷至大樓前。大樓地下是「鐵行」辦事處，樓上供外籍員工作宿舍，其餘設有保險箱和獨立廁所用作收租。其電梯入口在中央郵政局與建築物的小巷，這小巷（環球里）今天仍存在。

圖 5.18　正中是落成於 1965 年的「鐵行」新廈，樓高 18 層，頂樓可見 P&O 招牌，大廈用
途保持不變。1976 年置地買下物業，並準備買下隔鄰中央郵政局的地段一起發展，可惜事
與願違，未能成事。1977 年行政立法兩局辦事處設於該建築物的 13 樓。今天是歐陸貿易
中心。

圖 5.19　正中是第二代滙豐銀行，建於 1886 年，可參看圖 1.21。

圖 5.20　正 中 是 第
三代滙豐銀行，建於
1935 年，在原址上
加了隔鄰部份大會堂
的地段而築成，建築
物前是皇后像廣場，
亦屬滙豐銀行地段，
該銀行是香港戰前最
高的建築物，並擁有
全維多利亞港景。

圖 5.21 正中有雙行各五個三角形的建築物是第四代滙豐銀行（今總行），建於 1985 年，由著名建築師霍朗明（Norman Foster）設計。最左方是香港會所，由澳洲著名建築師哈利·賽德勒（Harry Seidler）設計。最右方是 1973 年落成的怡和大廈（亦稱康樂大廈），由本地建築師巴馬丹拿（Palmer & Turner）設計。滙豐銀行左方是大會堂，右為文華酒店。滙豐銀行仍然享有無敵海景。

圖 5.22　於 1846 年落成在皇后大道的香港會所，是早年訪港貴賓的酒店，圖攝於 1868 年。

圖 5.23　於 1897 年落成的第二代香港會所,是首座落成在 1890 年代新填地上的建築物,該建築物在上世紀七八十年代曾引起社會熱烈討論是否應訂為法定古蹟。後因政府拒絕接收而拆卸重建。

圖 5.24　中左方是於 1984 年落成的第三代香港會所,僅高於鄰近的第二代大會堂高座,仍可享有維多利亞港美景。

圖 5.25 右方是落成於 1892 年樓高六層的香港大酒店，其右是必達碼頭，即後來的卜公碼頭，位處海路的上落點，非常方便。

圖 5.26 維多利亞酒店於 1883 年遷至砵甸乍街海旁，圖右是砵甸乍街。酒店於 1894 年停業，1895 年屋頂倒塌。

圖 5.27　華人在上環海旁亦開設旅館，圖中左方最高層可見旅館兩字。

圖 5.28　華人在上環海旁開設客棧，圖中是萬安棧，意謂令人萬分安心的客棧。華人客棧多集中上環
　　　　海旁，因廣東來的船隻多泊此一帶（見第二章），方便廣東華人往來。

圖 5.29 香港早年公共建築物,十居其九是商人籌款興建而成,第一代大會堂是典型例子,落成於 1863 年新年的畢打街大鐘樓是商人那柏(Douglas Laprink)捐出。圖是 1869 年英國皇室首次訪港時, 在必達碼頭築起歡迎牌迎接愛丁堡公爵,牌後是畢打街大鐘樓。後因缺乏維修經費,政府接收後負 責維修。

圖 5.30　圖中是落成於 1864 年的香港煤氣公司，左方兩圓形建築物是煤氣鼓，臨海而建，方便上落煤，位於今天屈地街。

圖 5.31　1870 年代落成的中國糖廠，亦是築近海旁，水路交通方便，位置在今維多利亞公園西北方。

圖 5.32　1880 年代落成的太古糖廠，亦是築近海旁，圖是 19 世紀末的太古糖廠，今天在鰂魚涌糖廠街一帶。

圖 5.33　位於北角海旁（今大強街）的第二代香港電力公司建築物。

水上娛樂會所

圖 5.34　英國人引入「私人會所」觀念到香港，維多利亞娛樂會是香港最早的娛樂體育會，它的海浴棚就建於海軍船塢旁，於 1849 年成立，後因中環填海而北移；1950 年代填海迫使其遷至深水灣；1960 年代再遷至西貢大網仔，至今仍在。圖為 1869 年攝的維多利亞娛樂會。

圖 5.35　圖為 1880 年代的維多利亞娛樂會海浴棚

圖 5.36　另一個與海上運動有關的「私人會所」是香港皇家遊艇會，建於 1908 年的遊艇會會所固然是近海旁，這個位於油街的會所今天已成為二級歷史建築物並已活化成為視覺藝術中心。

圖 5.37　圖左是於 1940 年開幕的新香港皇家遊艇會，坐落奇力島上，方便風帆出海。原本在水中央的會所，因灣仔填海而變成為陸地的一部份。

中環填海後的建築物高度劇變

圖 5.38　20 世紀初的中環新海旁，換了一番新景象，最先發展是皇后像廣場以東，從東至西（圖中由左至右）是太古洋行、新東方銀行、電報大樓和香港會所，另見圖 2.23。電報大樓於太平洋戰爭受戰火破壞，戰後須重建，圖中是新電報大樓，改名大東電報局（又叫水晶大廈），高度為圖中四座之冠。

圖 5.39　圖中可見今天的香港會所，其相鄰的大樓已面目全非，圖左至右是和記大廈（屋頂有 HWL 字）、友邦金融中心（屋頂有 AIA 字）、中國建設銀行大廈（屋頂有 C 字）和香港會所。隨時代改變，區內建築物高度倍增。

圖 5.40　圖為 20 世紀皇后像廣場以西的新海旁，圖左至右是首棟裝有升降機的大樓皇后行、聖佐治大廈、英皇大廈、文信酒店和中央郵政局。皇后行前是天星碼頭，文信酒店和中央郵政局中是卜公碼頭。

圖 5.41　1960 年代，文華酒店取代了皇后行，而於仁大廈（後稱太古大廈） 取代了英皇大廈和文信酒店，雙雙成為當年的摩天大廈，夾在它們中間的聖佐治大廈變成小矮人，而在於仁行右方富古典味的中央郵政局則風采依然。

第六章

海堤風光

導讀

海旁的景象從早年以海上交通為主轉變到後來以陸上交通為主；海上交通工具從舢舨到水上的士「嘩啦嘩啦」（Walla Walla），而陸上交通工具則變化比較大，從馬、馬車、轎、人力車、電車到汽車。華人不少盛事也在海旁舉行，如盂蘭節、端午節，以至喪事等。政府就有紀念皇室盛會。苦力在海旁上落貨，在連接船隻上岸又窄又軟的木板上如履平地，有如馬戲班玩雜技。海旁的陽光和輕風吸引不少華人前來曬晾衣服，也成為兒童嬉戲的地方。水荒時，政府從廣東和新界運水至海旁的臨時水箱，設街喉供水，形成排隊人龍。戰後填海，政府利用一些海旁公地興建室內運動場、泳池和休憩場所供市民享用。

早年的港島北岸海堤的建築物多為私人公司的貨倉或碼頭，港府幾經辛苦才築成一條公共通道，成為海陸交通的重要交接點。陸上通道以海堤命名，如中環海堤和東區海堤（Praya Central and Praya East）。不同年代的海旁活動反映香港的發展過程。從人手到機械的運輸工具，從平路到天橋，從海堤內到海堤外的天橋，從上落貨的勞工到在海濱閒聊的市民，説盡香港的經歷。

公共空間聚集人群，久而久之衍生地標，19 世紀地標是畢打街大鐘樓，鐘是航海必需工具，其準確性影響船隻航道，港島北岸的大鐘象徵着香港是個重要海港。到 20 世紀，皇后像廣場是較大的公共空間，加上政府安排紀念皇室的盛會都在廣場舉行，廣場的多個銅像亦吸引不少遊客，均成為地標。21 世紀，地標轉移至香港會議展覽中心和金紫荊廣場、國際金融中心等，這些摩天大廈與連接其間的天橋迴廊構成一幅新時代的畫像。

早年海旁交通工具

圖 6.1　1846 年港島海旁，帆影處處，圖中下方更可見以馬代步。

圖 6.2　海旁停滿轎和人力車，車夫等待着客人上岸。

圖 6.3　中環海旁，人力車後見挑夫挑着籃子走，車上是外籍乘客。

圖 6.4　東區海旁，左方是中華（渣甸）糖廠，海上是舢舨，陸上是手推車。

圖 6.5　海旁路須要清潔，20 世紀初以牛代人手拉動洗街車，車後見灑水。

圖 6.6　海旁路有手推車，海上亦有不少舢舨，是當年主要交通工具。

圖 6.7　20 世紀初碼頭階梯旁泊有汽車，人力車則停在唐樓前，大家在等待不同需求的上岸者，
時代進步了。

圖 6.8　中環填海帶來足夠地方興建電車路軌，20 世紀初海旁多了電車行走。圖為西區海旁路景。路上有電車、汽車、人力車、手推貨車和行人，海旁泊有輪船，煙囪冒出蒸騰煙霧，香港走進電氣、機械和人手混合年代。

圖 6.9　停泊於海岸旁的嘩啦嘩啦（Walla Wallas），即電船仔，又叫水上的士。1920 年有嘩啦嘩啦一詞見報，與人手的舢舨競爭載客。在大火船停航時（深夜或颱風逼近港）提供渡海服務，又稱「街渡」。

華人在海旁活動

圖 6.10 華人的盂蘭節盛
會在海旁舉行，兩草寮竹
棚後方可見遠洋輪船。

圖 6.11 華人的端午盛會也在海旁舉行，扒龍舟今天也是盛事。

圖 6.12　華人的端午盛會也在海旁舉行，群眾聚集看熱鬧，圖左草寮是必達碼頭。

圖 6.13 早年香港華人死後多回鄉下葬，以輪船運返廣東，圖右方可見靈柩運送上船途中。

圖 6.14　海旁上落貨只用木板，運送工人背着沉重貨物在薄薄的木板上步履輕盈，上岸後一手要收竹
籤以確認公司的貨品和工人搬運數量。

圖 6.15　西區海旁，右方碼頭有草寮蓋頂，圖中有鐵柱停放小艇，市民利用兩鐵柱中掛繩索以晾衣服。

圖 6.16　小童也在岸邊嬉戲

圖 6.17　1929 年香港大水荒，水塘存水量僅餘 60 天用量，每人每日平均用量被限少於 20 公升，政府在港島北岸碼頭附近築了 20 多個水箱，從九龍、新界和廣東運水至港島。圖為中環海旁運水情況，下方可見水龍頭。

其他海旁活動

圖 6.18　1869 年英國皇室成員首次訪港，海旁的建築物掛滿裝飾物以示歡迎。

圖 6.19　1919 年中環海旁慶祝和平紀念，剛巧香港電燈公司在北角的電廠落成（見圖 5.33），中環
建築物掛滿燈飾共約 3,000 燈泡，由香港電燈公司供電。圖為當時中環的夜景，從左到右的建築物是
皇后行（今文華酒店）、聖佐治大樓、英皇行（King's Building）、中央郵政局。可參看圖 6.35。

圖 6.20 最左方是 1980 年代的灣仔游泳池，其右方是灣仔室內運動場，政府利用海旁興建市政設施，讓市民參與，沿海又有一番新景象。

圖 6.21 政府在中環海旁建休憩場所，又設涼亭供市民使用，後方高樓林立，海岸旁還有小艇，反映香港步入商業城市的年代。

圖 6.22 以山林和密密麻麻的摩天大廈群作背景，前方配上有如浮龍的天橋和青綠的休憩草地，構成港島西環海岸今天的一幅活畫。

香港地標

　　每個城市的地標都代表着其當時地區的重要性，在其外形的獨特和社會的認同之外，背後更隱藏着豐富的歷史。香港地標概括可分三個時期：最初在 19 世紀時期，地標的功能是確定位置和作為代表香港的建築物。到 20 世紀，地標除確定位置外，亦是人群聚集的地方，而代表香港的建築物已改變為一地區的建築群。20 世紀 80 年代至今，地標已幾乎失去確定位置的功能，另一方面，香港的公共空間又越來越少，能夠代表香港的地方或地標真不容易尋找，不少人以各個古蹟加起來代表今天的香港，或者以中環的金融商廈建築群為代表。

　　筆者認為 19 世紀的地標無可置疑是畢打街大鐘樓，它的高度、地點和功能都代表着香港早期作為商埠船務航運繁榮的一頁。20 世紀至 70 年代，地標是皇后像廣場和周邊建築物和碼頭，它們代表着香港的經濟和社會運作的轉變。20 世紀 80 年代至今，維多利亞港和兩岸產生極大轉變，摩天大廈林立，一座比一座高而且密集，大型行車天橋架在海上，環抱岸旁，成為一大特色。隨着船務業上岸，經濟命脈變成地產和金融業，百多年前港島北岸和維多利亞港的一幅山水畫，已搖身一變成為一幅滿佈「石屎森林」的海港城市圖。

19 世紀

圖 6.23　1875 年的畢打街大鐘樓（80 英尺高），曾經用作計時器、救火訊號、轎車站、志願救火隊集合點和迎接多位港督和名人的地方，最終因阻塞交通而於 1913 年拆卸，完成歷史任務。旁邊改為其前方的卜公碼頭。

20 世紀

圖 6.24　中下方是第一代大會堂，其左是第二代滙豐銀行，其右是木球會（有一片草地），木球會前建築物從右至左是太古洋行，建築中的電報大樓和落成的香港會所，第一代大會堂和第二代滙豐銀行上方是皇后像廣場，廣場正中是維多利亞女皇雕像（第一代大會堂和第二代滙豐銀行中間之上方），維多利亞女皇雕像上方海旁是廣場碼頭，而新填地左上方是建築中的皇后行，其下方是建築中的太子行。海面上有不同種類和大小的船隻。

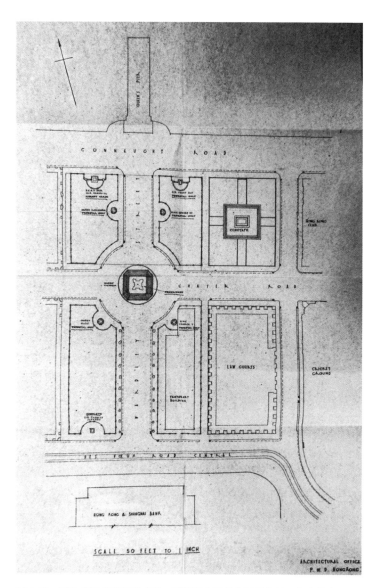

圖 6.25　圖為皇后像廣場落成後，雕像與和平紀念碑的位置。左方從上至下是滙豐銀行紀念一次大戰員工雕像、雅麗珊皇后（Queen Alexandra）雕像、瑪麗皇后（Queen Mary）雕像、滙豐銀行大班昃臣（Sir Thomas Jackson）雕像；維多利亞女皇雕像在正中位置；右方從上至下是港督梅含理（Sir Francis Henry May）雕像、英皇愛德華七世（King Edward VII）雕像、英皇佐治五世（King George V）雕像；和平紀念碑在右上方（方形）。原本干諾公爵（Duke of Connaught）雕像也是在皇后像廣場，後遷至干德道卜公碼頭前。從皇室雕像位置看，維多利亞女皇在正中，從海看英皇在左，皇后在右，是否依男左女右就不得而知。今天廣場只剩下昃臣雕像，而維多利亞女皇雕像於 1955 年移放在維多利亞公園至今。

圖 6.26　1896 年揭幕的
維多利亞女皇雕像，今
在維多利亞公園。

圖 6.27　1906 年揭幕的昃臣雕像，今仍在皇后
像廣場，其位置已向北移，面亦向東，即對正終
審庭。

圖 6.28　1907 年揭幕的英皇佐治五世雕像

圖 6.29　1907 年揭幕的英皇愛德華七世雕像

圖 6.30　1909 年揭幕的雅麗珊皇后雕像

圖 6.31　1909 年揭幕
的瑪麗皇后雕像

圖 6.32　1923 年揭幕的港督梅含理雕像

圖 6.33　1923 年揭幕的滙豐銀行紀念一次大戰捐軀員工的雕像

圖 6.34 於 1923 年揭幕的和平紀念碑,最初是紀念結束一次世界大戰而設,後來擴展至悼念二次世界大戰的罹難者包括香港保衛戰的捐軀者。紀念日原定每年 11 月 11 日,1945 年香港重光後改為每年 11 月第二個星期日。

圖 6.35　1920 年代的皇后像廣場和周邊建築，圖中上方山坡上是植物公園，其下是港督府，再下方
黑頂建築物是政府總部，在其左方是聖約翰教堂的高塔，下方是法國傳道會大樓（前終審庭）；廣場
後高處是政府和宗教建築，其下（廣場南邊）是大會堂和滙豐銀行；廣場左方有最高法院、和平紀念
碑、香港會所、電報大樓、新東方銀行、太古洋行和木球會；廣場右方有太子行、皇后行、聖佐治大樓、
英皇行、文信酒店和中央郵政局；海旁從左至右有美利碼頭、皇后碼頭、天星碼頭和卜公碼頭。此區
代表着政府的運作、宗教的信仰、英國皇室的權力、法治的伸張、和平的紀念、體育的愛好、商業的
繁榮和交通的重點，堪稱地標。

圖 6.36 　1911 年英皇佐治五世加冕，皇后像廣場和周邊建築亮起燈飾慶祝。

圖 6.37 　1919 年一次世界大戰結束，香港於皇后像廣場的公共空間舉行慶祝紀念，圖右是香港會所，圖左下方是雅麗珊皇后雕像，圖正中是英皇愛德華七世雕像，圖左下角見有一汽油車，廣場滿是人群。

第七章

貫通港九：

維港水底管道上岸點

導讀

　　香港是個島，山多平地少，發展受局限，鑑於維多利亞港的邊界模糊，英國人於 1860 年奪取九龍，以軍事原因居多，但與中國的貿易就離不開與內陸的交往。水路是當年唯一的通道，香港島最初與九龍陸地和大陸的聯繫是通過海底電報纜，那時是 1870 年。其後有了電話，維多利亞港的海底多了電話纜。鋪設海底電報纜或電話纜費用高昂，電報公司選取香港島與九龍半島最短距離的位置鋪設電纜渡過維多利亞港，但昂貴的海底電纜常引來海盜，亦不時遭船隻下錨所破壞，所以政府定下海底電纜區，嚴防盜竊和破壞。港島北岸也豎立了告示牌供船隻識別。

　　香港島沒有水源，只靠築水塘存水應付需求，隨着 1877 年薄扶林水塘、1882 至 1917 年大潭水塘群和 1922 年香港仔水塘的落成，港島已再無合適的地方可築水塘。隨着人口增加和天旱，食水供不應求。適合興建水塘的地方就只有九龍和新界可以考慮，因此要北水南調，將新界水塘的水運到香港島。1930 年，第一條海底食水管貫通九龍和香港，讓石梨背水塘的食水供應香港島居民。其後在 1936 和 1938 年分別加鋪兩條海底食水管，將城門水塘的水運至港島。

　　1950 年代，煤氣公司棄用屈地街煤氣廠，將馬頭角煤氣廠設為輸送港島煤氣中心，築過海煤氣管道至港島，從紅磡填海地至銅鑼灣奇力島，1958 年完工。

　　通訊、食水和煤氣管道先後在海底建成後，才輪到交通隧道。1972年，第一條海底隧道通車，從紅磡至灣仔，俗稱「紅隧」。1989 年第二條海底隧道通車，從茶果嶺至鰂魚涌，俗稱「東隧」。1997 年，第三條

海底隧道通車，從西九龍至西營盤，俗稱「西隧」。

　　鐵路過海方面，地下鐵（今稱港鐵）在 1980 年接通九龍至中環（即初期的觀塘線，到 1982 年由荃灣線取代成為過海路線），後來再發展多條過海線；1998 年有機場快線；以及目前興建中的東鐵過海段（紅磡至金鐘）。

　　最後過海的公用事業管道是供電纜，1981 年兩電力公司在政府撮合下，開始合作供電，服務範圍從意外大停電的緊急後備供應系統，到供應地下鐵的運作等。

圖7.1　1950 年代的九龍，左方是九龍天星碼頭，右上方遠處是訊號山上的訊號塔。

海底電訊纜區

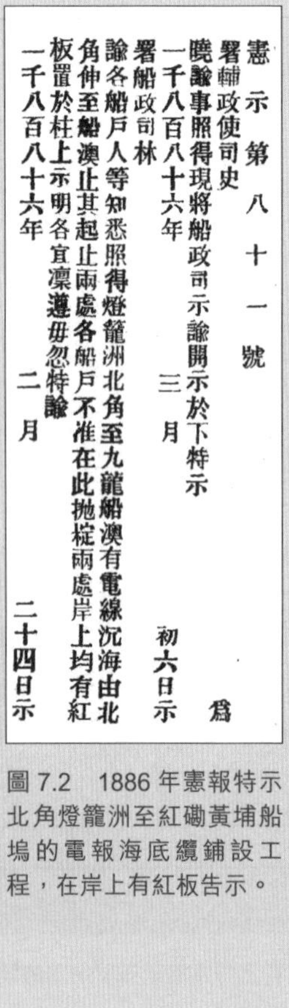

憲示　第八十一號

署輔政使司史　為

曉諭事照得現將船政司示諭開示於下特示

一千八百八十六年　三月

署船政司林

諭各船戶人等知悉照得燈籠洲北角至九龍船澳有電線沉海由北角伸至船澳止其起止兩處各船戶不准在此拋椗兩處岸上均有紅板置於柱上示明各宜凜遵毋忽特諭

一千八百八十六年　二月

　　　　初六日示

　　　　二十四日示

圖 7.2　1886 年憲報特示北角燈籠洲至紅磡黃埔船塢的電報海底纜鋪設工程，在岸上有紅板告示。

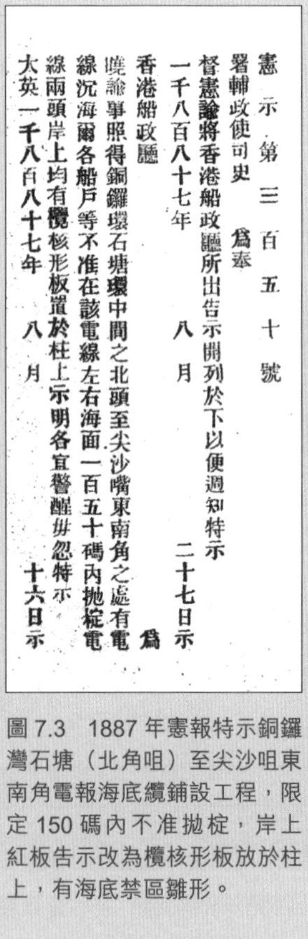

憲示　第三百五十號

署輔政使司史　為奉

督憲諭將香港船政廳所出告示開列於下以便週知特示

一千八百八十七年　八月

香港船政廳

曉諭事照得銅鑼灣石塘環中間之北頭至尖沙嘴東南角之處有電線沉海爾各船戶等不准在該電線左右海面一百五十碼內拋椗電線兩頭上均有攬核形板置於柱上宗明各宜警醒毋忽特示

大英　一千八百八十七年　八月

　　　　二十七日示

　　　　十六日示

圖 7.3　1887 年憲報特示銅鑼灣石塘（北角咀）至尖沙咀東南角電報海底纜鋪設工程，限定 150 碼內不准拋椗，岸上紅板告示改為攬核形板放於柱上，有海底禁區雛形。

憲示第　一千零五十三號

一千九百零　　月　　日

香港總督部堂會同定例局按照一千八百九十九年第十條則例即商務航海則例第三十三款第二段議定將下列章程頒行以代一千八百九十七年六月十六日憲示第二百四十八款內載之章程

計開

一督憲會同定例局于一千八百九十七年六月十五日所定之則例經在一千八百九十七年六月十六日憲示第二百四十八號曉諭頒行今則將此等章程刪除

二聞于香港之北角嘴及九龍東南角嘴之海底電線其界限配號列下
西便界限在香港岸上則有白色之柱二條其頁線對對正海九龍岸上之白色柱一條及第一號船塢之抽水局之白色烟通
東便界限在香港岸上則有白色柱一條及白色方尖石牌一座其通線對正對海九龍岸上之白色柱一條及白色方尖石牌一座
該白柱五條日間見之甚明因均有紅色欖核形為記惟上每岸有兩條柱上有紅燈一盞東便之燈用法遮蔽使之不能向東照耀西便之燈亦用法遮蔽使之不能向西照耀

三聞于大角嘴及昂船洲東岸之海底電線兩岸均有白色之柱一條有紅色欖核形為記

四所有各項船艇均不得在海底電線界限所圍之地方內或在海底電線雨傍五十碼內落碇

一千九百零六年　　十二月　　十六日

圖 7.4　1906 年憲報特示海底禁區，西邊界限在香港北角咀，岸上有兩白色支柱；九龍東南角岸上有一白色柱和黃埔船塢抽水局白色煙囱對正香港兩柱；東邊界限在香港岸上有一白色支柱和白色尖石牌一座，對正九龍岸上亦有一白色支柱和白色尖石牌一座。五白色支柱日間以紅色欖核為記，晚上則以紅燈為記。大角咀與昂船洲的禁區亦以白色支柱和紅色欖核為記。禁區和界限外 50 碼都不准拋椗。

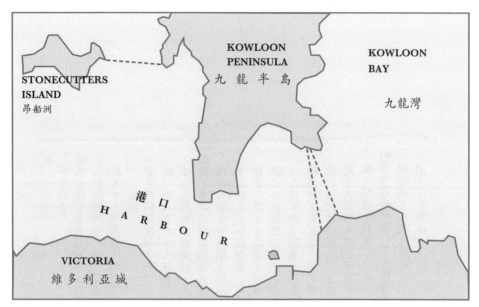

圖 7.5　除北角至紅磡的政府、軍部和私人電報和電話海底電纜外，昂船洲亦有軍部的電報和電話海底電纜。圖中紅色線顯示三組海底電纜的位置。

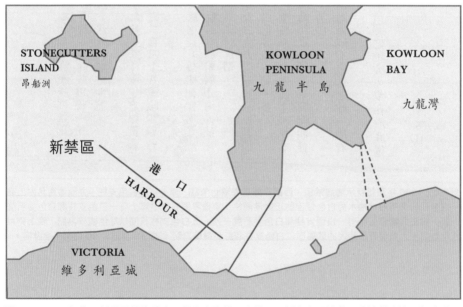

圖 7.6　1920 年代，新界電報線重建，沿火車路鋪至尖沙咀，新海底電纜禁區東邊從尖沙咀訊號塔至中環和平紀念碑，西邊從九龍天星碼頭的綠燈至香港域多利皇后街碼頭的綠燈。當年的碼頭法例規定碼頭前必須設有綠燈（見第二章：20 世紀初的碼頭）。圖為三個海底電纜新禁區。

圖 7.7　左下方是大會堂低座，其右是第二代香港會所，再右是大會堂高座，和平紀念碑在大會堂高座背後，右下方是消防局總部。1933 年西邊海底電纜禁區界從域多利皇后街碼頭改至消防局總部大樓的東北角。

九龍至香港海底食水管道

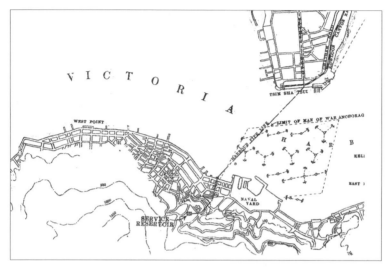

圖 7.8　圖為 1930 年完工的海底食水管過海平面圖

圖 7.9　圖為 1930 年代初，署任港督修頓（Sir Wilfrid Thomas Southorn）主持打開從九龍運至香港的水管掣，開啟後，大會堂前的噴水池開始以九龍水運作。正中在女士右旁戴帽穿西裝是當時工務局長祈禮士（Harold Thomas Creasy）。

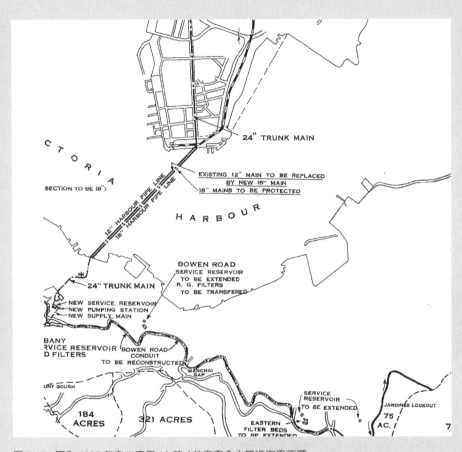

圖 7.10　圖為 1935 年完工直徑 18 英寸的海底食水管過海平面圖

香港中國煤氣公司的過海管道

食水管成功放下維多利亞港後，香港中國煤氣公司（Hong Kong and China Gas Company Limited, 下稱煤氣公司）亦考慮將馬頭角的煤氣運送港島，事件要到戰後才可得償所願。1956 年煤氣公司在馬頭角的廠房投入生產，關閉了佐敦道的廠房。公司亦有意關閉屈地街的廠房，決定斥資三百萬元興建煤氣過海管道，從紅磡填海地至銅鑼灣奇力島，全長約 4,800 英尺，於 1958 年 3 月鋪成。1978 年，築第二條煤氣過海管道，從馬頭角至北角，建築費 1,460 萬元。

圖 7.11　圖為最後一段的過海煤氣管上岸

來往香港九龍的
汽車海底隧道

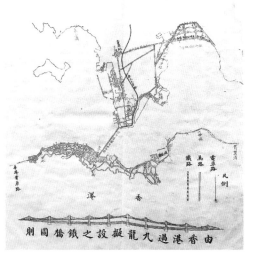

圖 7.12　1901 年，船政廳長建議從香港砵甸乍街築一跨海大橋至九龍尖沙咀，他以澳洲雪梨為例，估算建築費約九百萬元。圖為 1910 年代啟德海濱發展招股書內有關建設鐵橋的初稿。

圖 7.13　1924 年政府海口工程師鄧勤（Duncan）跟進海港顧問的報告（見第一章），提出以汽車渡海輪貫通香港和九龍。1933 年統一碼頭和佐敦道汽車渡海碼頭落成，開啟了香港和九龍汽車可行走兩地的歷史。由於海底汽車隧道禁止載有危險品的汽車使用，令汽車渡海輪至今仍有其用處。圖為汽車渡海輪。

戰後，港督楊慕琦（Sir Mark Aitchison Young）離港前成立戰爭紀念基金，扶助為太平洋戰爭捐軀者的遺屬，數年後，申領個案已穩定下來，餘下款項開放給醫療、教育或社會福利申請。其實在 1946 年草擬法案時，已有人提出基金應包括興建海底隧道。1948 年，港府着手重建戰後的香港，從英國請來負責倫敦新市鎮規劃的亞拔高比為香港城市規劃寫下詳細報告（《亞拔高比報告》，見第一章），他提議考慮以隧道或跨海大橋連接香港和九龍，但他主觀地在報告內用了隧道為連接港九建築的標題，似乎是優先考慮。

圖7.14　政府否決顧問公司的建議，但鼓勵社會討論港九兩地相連用甚麼方法最佳，即渡海輪、跨海大橋或海底隧道。商人各出奇謀，四大英資之一的會德豐（2020年私有化撤銷上市）旗下的物業管理公司夏利文地產公司鼓吹跨海大橋，九龍燈的嘉道理則鍾情海底隧道。圖為構思中的跨海大橋。

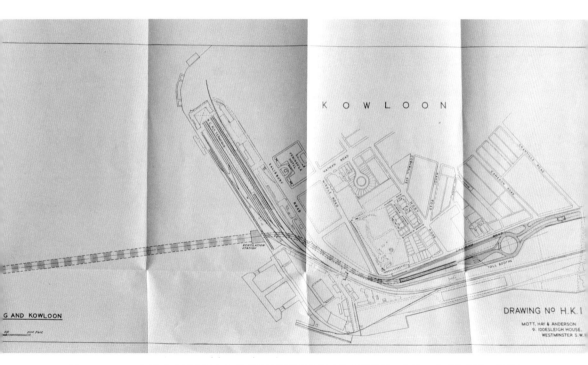

圖7.15　1954年政府委託英國皇家代理聘請顧問研究興建海底隧道的可行性。莫希安德遜工程顧問公司（Mott Hay and Anderson Consultant）於1955年提交報告。圖左方香港上岸點建議在海軍船塢旁（今金鐘），九龍上岸點經過九龍鐵路路底，在中間道空地（今喜來登酒店）對開海旁。從圖中可見海軍船塢旁的限制。1956年政府成立跨部門小組討論報告，結果否決建議。

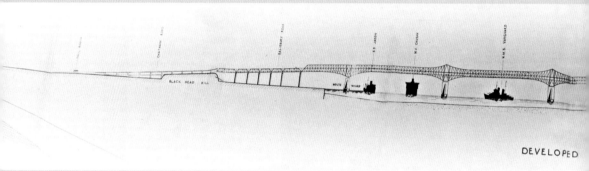

DEVELOPED

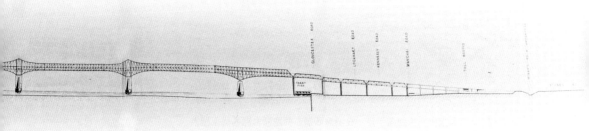

EVATION

圖 7.16　圖為構思中的跨海大橋，中間有三艘英軍艦，顯示橋底有足夠高度。

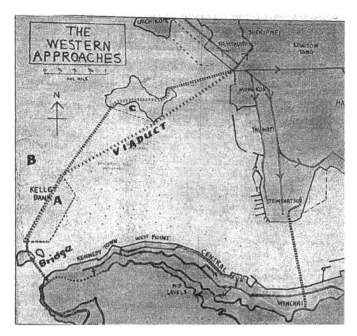

圖 7.17　亦有人指出一條通道不足,在港島西部亦要連通九龍西部。圖為
當年的想法,這觀念要 40 多年後才實現。

圖 7.18　民間智慧層出
不窮,懸索橋可增大船
隻通道,圖為 1961 年
的構思,誰也想不到 30
多年後,香港才可建成
懸索橋。

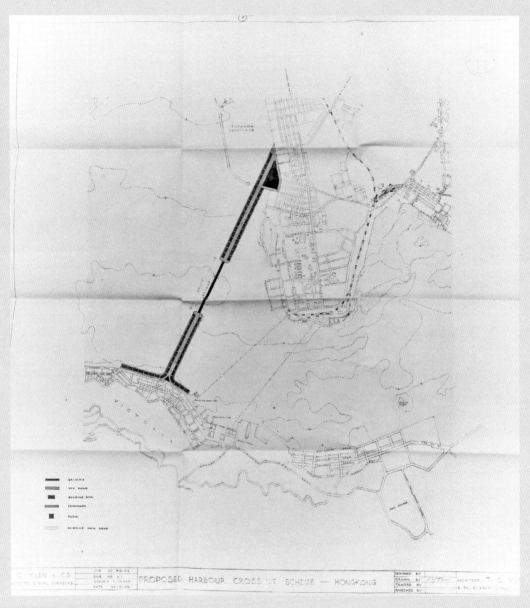

圖 7.19　百花齊放，有人提出部份填海和橋樑方案，圖為建議
方案，從港島林士街至九龍油麻地避風塘。

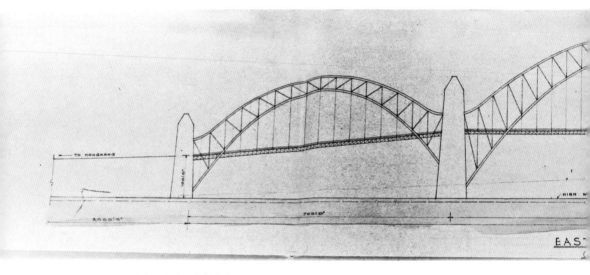

圖 7.20 圖為建議方案中的拱橋方案

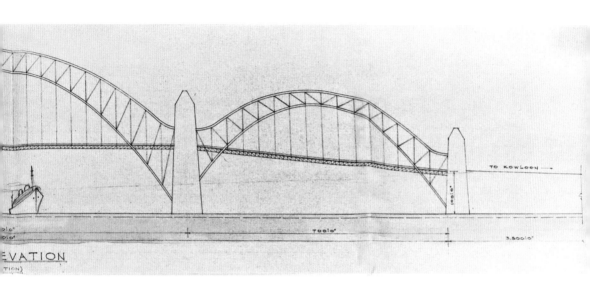

EVATION
(TION)

TO KOWLOON

圖 7.21　上述方案繪製成一幅美麗圖畫

圖 7.22　30 多年後落成的青馬大橋，是香港首條懸索橋，遠洋輪船通過橋底的一刻，驟看有些「險過剃頭」的錯覺。

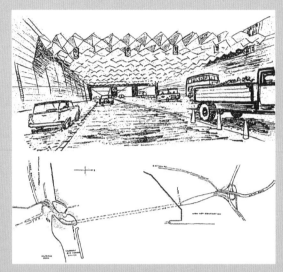

圖 7.23 海底隧道計劃亦與市民見面，圖為 1963 年的構思，同年政府宣佈傾向海底隧道計劃。

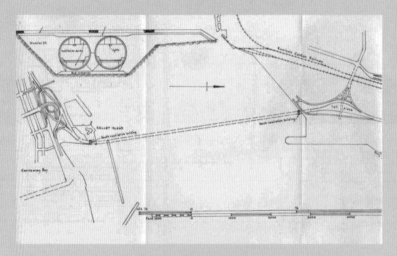

圖 7.24 1965 年立法局通過興建海底隧道計劃，圖為最後中標的圖則，港島上岸在銅鑼灣近奇力島，九龍在紅磡上岸。財團是 Costain International of London, 包括保華建築公司和美國 Raymond International of New York。

圖 7.25 左方是用鋼鐵製成海底隧道的雙管道

圖 7.26　鋼鐵製成的雙管道重門深鎖，要待整條管道放下海床並成功接駁後，才以電焊燒開。

圖 7.27　上方是鋼鐵製成的雙管道的一段。下方是灌了混凝土的雙管道，一段總重量為六千噸，完成此工序才可放下海床。

圖 7.28　圖中是雙管道的生口，工人正在入管道，準備做放下海的最後工作。

圖 7.29　由太古船塢特製一平底船架，專為放下雙管道而設。

圖 7.30　拍攝於 1971 年，港島北岸出入口的馬路和天橋分流交通工程亦將近完工。

圖 7.31　1972 年海底隧道通車後於港島北岸的出入口，這是香港首條海底汽車隧道。

圖 7.32　東區海底隧道於港島北岸的出入口

圖 7.33　西區海底隧道於港島北岸的出入口

鳴謝

　　書中的圖則、明信片和照片，除了來自本書作者張順光之珍藏外，還獲英國國家檔案館、香港政府檔案處歷史檔案館、夢周文教基金會，以及高添強先生、岑智明先生、梁經緯先生、吳貴龍先生、周浩正先生、陳照明先生和劉國偉先生慷慨借出，謹此致謝。一些舊圖則和油畫由陳漢威先生重繪，一起致謝。

　　（排名不分先後）